LA MEILLEURE
ÉDUCATION
AU MONDE ?

Contre-enquête
sur la
Finlande

Fred Dervin

[芬兰] 文德（Fred Dervin）　著

刘敏　姚苇依　译

破解神话
还原真实的芬兰教育

教育科学出版社
·北京·

目 录

芬兰教育： 在合作中前行...1

瑕不掩瑜、东施效颦和自知之明
　　——读文德《破解神话——还原真实的芬兰教育》...............15

除了神话和国家打造的品牌之外，
我们还能从芬兰教育中学到什么？...........................27

前言 1

芬兰概况 5

导论 7

第一章　芬兰教育的基础...19

第二章　芬兰教育的神话...41

第三章　奇迹还是谎言？芬兰教育的评价.....................55

第四章　PISA——神话的原动力？.............................69

第五章　芬兰的任务： 向世界兜售教育？....................83

结语　梦将终了？..107

后记 113

参考文献 116

芬兰教育：在合作中前行

亚里·拉沃宁（Jari Lavonen）

引言

　　很高兴能够受邀为我同事赫尔辛基大学文德（Fred Dervin）教授的作品写序。如同大多数芬兰教育界的工作者一样，文德教授在他的这本书中提出了一个非常重要的问题："我们的教育能够做得更好吗？"因此，了解我们自己教育体系中的弱点和挑战并着眼于如何改进非常重要。在这本书中，文德教授就用一种非常有趣的方式分析了芬兰教育所取得的成功和目前正面临的挑战。

　　我的这篇序大体分为三个部分，分别是芬兰的教育背景、当今的挑战以及正在实施的改革。实际上，大家对于芬兰教育体系的运转模式可能并不感兴趣，对于读者来说，芬兰如何通过出台各种改革措施来寻求改进似乎更有吸引力。我在芬兰教育领域已经工作了将近 35 年，我曾经做过初中老师、高中老师、大学讲师，现在是大学里的教授。我参加过不同学段的课程项目和一些国家级项目，我将从我的经历出发，以我的视角来解读芬兰教育，因此我对芬兰教育的观点可能会与文德教授有所不同。

芬兰教育背景

芬兰教育和文化部（Ministry of Education and Culture，简称 MEC）负责总揽全局，对教育进行总体规划、监督并进行必要的立法。芬兰教育和文化部下属的芬兰国家教育署（Finnish National Agency for Education，简称 EDUFI）是国家级的发展机构，负责学前、小学、中学的课程框架设计以及全国教学质量的监控。

芬兰中小学的教学质量保证（QA）并不依靠学校督查、全国性的考试或学习材料的预评估来实现，国家不会依据学生的成绩或其他任何指标对教师本人或其教学质量进行评估。不过，芬兰国家教育署会对某些有代表性的教师开展基于样本的小规模监测（Kärnä & Rautopuro，2013）。监测中所获得的信息主要用于课程开发及相关教育政策的制定。除了以上提到的这种监测，其他的教学质量保证都依靠市政一级和学校自我评估实现。比如校长会组织教师专业发展讨论会以帮助教师进行自查。学校还会从学生和家长方面采集反馈信息，并在教师会议上进行分析，以求改善教学和学校运转情况。此外，学校的自我评估还会被拿到市一级进行讨论，体现芬兰教育各级之间的相互沟通与交流。因此，芬兰的教学质量保证被视作加强政策落实的一部分和改进教学的工具，而非实施处罚的缘由（Niemi & Lavonen，2012）。不过，芬兰教育评估中心（Karvi/FINEEC）也已经认识到了学校层面质量保证所面临的挑战（Harjunen，Hietala，Lepola，Räisänen，Korpi，2017），并希望通过教师教育来进行改善。

小学教育（1—6年级）是芬兰9年普及性基础教育的一部分。芬兰国家基础教育核心课程明确指出：小学阶段旨在引导学生成为博爱、有道德、具有社会责任感的公民，并向他们传授生活所需的知识与技能（FNBE，2014）。2015年芬兰又颁布了高中教育核心课程（FNBE，2015），地方当局负责组织当地的初中和高中教育，具体制定地方课程。

长久以来，芬兰中小学教师都要拿到硕士学位才可以任职，这是我们的传统。芬兰中小学教师教育的一个基本特征就是重视研究，20世纪60年代以来，教师教育的目标被确立为培养能够自行计划、实施并评估教学和学生学习的专业人士。个人自主权作为芬兰教师专业化的一部分使得教师教育成为芬兰大学最热门的专业之一，比如2016年赫尔辛基大学教师教育的录取率只有5%—10%。芬兰的教师教育专业如此受欢迎主要有以下几点原因（Lavonen，2018）。首先，40年以来，教师教育的学制一直是5年的本硕项目，因此与其他院系的毕业生一样，教师被视为学术方面的专业人士。其次，教师在就职后学校还会为其专业化发展以及教师间彼此的合作提供支持。再次，芬兰还拥有深厚的教学质量文化，教师在教师专业化评估中扮演着重要的角色，他们会影响国家的教育政策及实施情况。最后，正如我上文中所提到的，芬兰没有任何繁重的教师评估，对于教师表现的考核只是教学质量保证的一部分，并且我们的教师考核仅仅以两部分内容为基础：教师自评以及教师与校长之间以促进发展为目标的讨论。

芬兰教育所面临的挑战

如今，芬兰的一些论坛和委员会会议已经开始讨论国家教育体系所面临的挑战，比如在本届政府任期

破解神话——还原真实的芬兰教育

内举行的基础教育论坛（MEC，16.2.2018）、芬兰教师教育论坛（MEC，17.3.2018）等。通过经济合作与发展组织（OECD）所发起的国际学生评估项目（PISA）和教师教学国际调查项目（TALIS）等项目以及由芬兰教育评估中心所公布的国家教育监测报告，大家意识到了芬兰教育中所隐藏的危机。最近的两次 PISA 测试结果显示，虽然芬兰学生的成绩仍然位居前列，但学生的表现和学习参与度都有所下降。2018 年夏天，根据一系列国家教育评估活动所得到的结果，芬兰教育评估中心就芬兰教育系统所面临的挑战做了概述，主要可以归纳为以下几个层面。

- **学生层面的挑战：**
  - 以国际性比较测评（参看 PISA 成绩）的结果作为衡量标准，学生的学习效果有所下降并且差异增大。
  - 学生对于学习的参与度较低，对于 STEM 教育所涉及的职业缺乏兴趣，学生的心理健康没有得到足够的关注。
  - 课堂学习中缺乏积极性与合作性。
  - 教育体系难以考虑个别学习者的特殊需求，无法因材施教。

- **课堂层面的挑战:**
  - 多元文化课堂的组织。
  - 根据新课程的要求,如何为学生通用能力的学习提供帮助。

- **学校和城市层面的挑战:**
  - 与教师队伍共同规划当地课程过程中所遇到的困难。
  - 教师专业化发展中缺乏教学领导力的相关内容,缺乏在职培训。
  - 如何充分利用多功能的校内学习环境。

- **社会层面的挑战:**
  - 辍学或待业青年的数量有所增加,不平等现象加剧。
  - 数字化对于教育的影响,如人工智能和自动化。
  - 为紧跟现实世界的发展(如数字化),成年人接受继续教育的需要。

　　除此之外,不同级别的教育也存在着不同的挑战。比如对于学前教育来说,入园率低以及师资受教育水平(大学教育)低就是两个最主要的问题。此外,通过北欧国家的 PISA 数据对比就能很明显地看出芬兰学生近年来学习效果的下降（Blömeke et al.，2018）。

芬兰积极的教育改革规划

如上所述，芬兰教育系统各个层面都面临着挑战。因此，自 2016 年以来，芬兰已经启动了若干国家教育发展项目，出台了各种相关措施，以推动从学前教育到高等教育各层次的发展。此外，为了帮助教师克服所面临的种种困难，芬兰还制定了一项特殊的教师教育发展规划。这些项目或措施都是本届西比莱政府总体规划中的一部分，并且国家都提供了相应的资金支持。芬兰将在 2019 年春季举行新一轮的议会选举，因此最近并没有新政策出台。对于已经落地的项目，其目标是在本届政府任期结束前——也就是 2019 年春季中期——完成收尾工作。目前国家级的发展项目有：

- 2018 年夏天，一项新的学前教育法案颁布（MEC，23.8.2018），法案中的具体措施现已开始实施，旨在提高孩子的入园率，减少家庭费用支出并提高学前教师的水平（幼儿园是芬兰父母在教育领域唯一需要自费的项目，费用的多少取决于家庭的收入）。

- 由芬兰教育和文化部命名的"基础教育论坛"于2018年2月公布了基础教育（小学和初中）发展规划（MEC，16.2.2018）。规划指出，未来基础教育阶段的学校将会是一个平等的教师学生团体。其特点在于多种多样的教学学习模式、专业知识的系统发展、强大的教学领导力以及各方合作关系的强化，其中既包括教师与教师、教师与校长之间的合作，也涉及教师与家长、教师与其他利益相关者之间的关系。该论坛引入了一种特殊的"学习保障"，即个体差异与兴趣将会成为学业的起点。此外，为帮助老师在工作中更好地落实新课程并制定发展规划目标，2018年春季和秋季，政府特组织了教师培训师对老师们进行相关培训。

- 从2017年秋季至2018年春初，由芬兰教育和文化部任命的专家团队拟定了一份新的高中教育法提案，该提案于2018年夏季正式通过（MEC，

2018）。该法案的目的是加强高中的吸引力，提高高中教学质量，推进与高等教育机构的合作，以及增加学生的福祉。该法案规定学生应享有更好的权利，具体来说包括以下三个方面：第一，接受学业指导并逐步过渡到研究生的学习；第二，接受特殊教育或其他方面的支持；第三，培养国际化视野。

· 芬兰教育和文化部的一份出版物指出语言学习需要尽早开始，应该在一年级，甚至最好在学前教育阶段就开展相关的教育。此外，建议儿童和青少年学习多种语言以提高自身的国际化水平。

· 《芬兰 2030 高等教育与研究愿景》（以下简称《愿景》）于 2018 年春季出版（MEC，26.1.2018）。大家就未来发展的重点领域达成了共识，做出了评估，并在各研讨会上做了进一步的讨论。《愿景》提到的重点领域包括：

◦ 大学普及率要超过芬兰人口的 50%。

◦ 提供更好的继续教育机会。

◦ 除了学位教育外，将会构建新的研究生培养模式。

- 研究和发展活动将享有更多的资源，研究成果要提高质量。
- 高等教育与研究要更加国际化。

- 芬兰教师教育论坛（MEC，2016）分析了与教师教育相关的研究成果，对国家面临的挑战达成了共识，并动员全国力量集思广益，为教师的职前与在职培训（终身职业发展）制定了规划。从 2017 年秋季至 2018 年春季，由该论坛资助的大学和应用科学大学共开展了 32 个相关的发展项目。

- 芬兰教育和文化部颁布了关于教师职前与在职培训中有关移民教育的指导方针（Maahanmuut-tajakoulutus，2018）。

讨论

与其他许多国家相比，芬兰的教育算得上可圈可点。不过，在本届政府的任期内一些论坛和委员会也已经纷纷开始就芬兰教育体系所面临的挑战进行探讨，例如芬兰教师教育论坛和基础教育论坛。基于此，芬兰到目前为止已经建立了若干国家工作组并举办论坛，以重新规划芬兰教育的目标并推动相关法律的出台。在国家层面上进行协作规划是芬兰改革的传统，并且参与改革规划的小组成员都是来自不同领域的专家，背景多种多样，如教师、教师教育工作者以及其他相关领域的代表（如行业利益集团、教师工会以及劳工组织），各方一同进行互动、协作，组织公开对话。整个过程促使我们的目标以及如何实现目标变得清晰明了。此外，各方还会针对改革的计划草案进行讨论，收集和分析反馈意见，并提供试点资源。因此，芬兰基础教育的发展规划以及其他有关基础教育的改革都可以说是做到了与 OECD 出版物——《复杂世界中的教育管理》（*Governing Education in a Complex World*）——中的理念相一致（Burns & Köster，2016）。

作者系芬兰国家教师教育改革规划主任、
赫尔辛基大学教授
文章写于 2019 年 2 月

参考文献

Blömeke, S., Eklöf, H., Fredriksson, U., Halldórsson, A. M., Jensen, S. S., Kavli, A.-B., Kjærnsli, M., Kjeldsen, C., Nilsen, T., Nissinen, K., Ólafsson, R. F., Oskarsson, M., Rasmusson, M., Rautopuro, J., Reimer, D., Scherer, R., Sortkær, B., Sørensen, H., Wester, A. & Vettenranta, J. (2018). Northern Lights on TIMSS and PISA 2018. TemaNord 2018: 524. Cobenhagen: Nordic Council of Ministers. https://karvi.fi/app/uploads/2018/09/Northern_Lights_on_TIMSS_and_PISA_2018.pdf.

Burns, T. & Köster F. (eds.) (2016), *Governing Education in a Complex World*. Paris: OECD Publishing. http://dx.doi.org/10.1787/9789264255364-en.

Finnish National Agency for Education (EDUFI). 2018. https://www.oph.fi/english.

FNBE (2015). The National Core Curriculum for Upper Secondary Education. Helsinki: National Board of Education. Retrieved from https://www.oph.fi/download/172121_lukion_opetussuunnitelman_perusteet_2015.docx.

FNBE (2014). The National Core Curriculum for Basic Education. Helsinki: FNBE National Board of Education. Retrieved from https://www.oph.fi/ops2016.

Harjunen, E., Hietala, R., Lepola, L., Räisänen, A., Korpi, A. (2017). Arvioinnilla luottamusta [Trust through assassment]. Kansallinen koulutuksen arviointikeskus [The Finnish Education Evaluation Centre (FINEEC) http://karvi.fi/en/] Julkaisut 4: 2017.

Kärnä, P., & Rautopuro, J. (2013). Mitä on oppimistulosten taustalla. In A.

Räisänen (Ed.), Oppimisen arvioinnin kontekstit käytännöt. Raportit ja selvitykset 3/2013. (pp. 187–211). Helsinki: National Board of Education. http://www.oph.fi/download/149650_Oppimisen_arvioinnin_kontekstit_ja_kaytannot_2.pdf.

Karvi [The Finnish Education Evaluation Centre (FINEEC]. (2018). Kansallisen koulutuksen arviointitoiminnan tuloksia koulutusjärjestelmän tilasta [The results of national education evaluation activities from the state of the education system]. Helsinki: Karvi [The Finnish Education Evaluation Centre (FINEEC) https://karvi.fi/app/uploacs/2018/05/KARVI_T0118.pdf.

Lavonen, J. (2018). Educating Professional Teachers in Finland through the Continuous Improvement of Teacher Education Programmes. Y. Weinberger, & Z. Libman (eds.). Contemporary Pedagogies in Teacher Education and Development (pp. 3-22). London: IntechOpen.

Maahanmuuttajakoulutus (2018). Maahanmuuttajakoulutus [Immigrant education]. https://www.mamuko.fi/.

MEC (2016) Teacher education forum. Helsinki: Ministry of Education; 2015. Available from: http://minedu.fi/en/article/-/asset_publisher/opettajankoulutuksen-kehittamisohjelma-julkistettiin-opettajien-osaamista-kehitettava-suunnitelmallisesti-lapi-tyoura.

MEC (2018) Eleven most important changes in the reform of general upper secondary education. https://minedu.fi/documents/1410845/5394394/11+most+important+changes.pdf/df474839-9c46-4040-b339-0dbfa1bc0eae/11+most+important+changes.pdf.pdf.

MEC (2018). https://minedu.fi/en/frontpage.

MEC (23.8.2018) Asetus varhaiskasvatuksesta tarkentaa varhaiskasvatuslain säännöksiä [The Decree on Early Childhood Education clarifies the provisions of the Early Childhood Education Act] https://minedu.fi/artikkeli/-/asset_publisher/asetus-varhaiskasvatuksesta-tarkentaa-varhaiskasvatuslain-saannoksia.

MEC (26.1.2018). Korkeakoulutuksen ja tutkimuksen visio 2030 [Vision for higher education and research in 2030]. https://minedu.fi/en/vision-2030.

MEC (16.2.2018). Peruskoulufoorumi luovutti esityksensä peruskoulun kehittämislinjauksiksi [The Basic School Forum published the developmental plan for the basic school]. http://minedu.fi/artikkeli/-/asset_publisher/peruskoulufoorumi-luovutti-esityksensa-peruskoulun-kehittamislinjauksiksi.

MEC (17.3.2018). Opettajien osaamisen kehittämiseen haettavana 12 miljoonaa euroa. [Altogether EUR 12 million for the development of teacher educators and teachers' competences] http://minedu.fi/artikkeli/-/asset_publisher/opettajien-osaamisen-kehittamiseen-haettavana-12-miljoonaa-euroa.

Niemi, H. & Lavonen, J. (2012). Evaluation for Improvements in Finnish Teacher Education. In J. Harford, B. Hudson & H. Niemi (toim.). Quality Assurance and Teacher Education: International Challenges and Expectations. Oxford: Peter Lang.

The Finnish Education Evaluation Centre (FINEEC), Karvi, www.karvi.fi.

瑕不掩瑜、东施效颦和自知之明

——读文德《破解神话——还原真实的芬兰教育》

程方平

2018年夏有幸到芬兰考察教育，文德教授接待了我们，向我们多角度地介绍了芬兰的文化、历史和教育，也为我们安排了相应的考察。因为他是中国人民大学教育学院"跨文化与教育研究"方面的客座教授，所以就芬兰教育和中国教育的话题，我们有过不少交流。读到他的这本专著，首先感受到的是真正的学者的理智与担当，为了芬兰教育和有意向芬兰学习的人们，这本书提供的思想和指引均体现出了难得的科学精神。《破解神话——还原真实的芬兰教育》译成中文出版，对于我们了解芬兰教育、反思中国教育，厘清我们开放、学习的思路与心态等，都有非常重要的启示作用。

中国人从以往过度关注美国到聚焦芬兰，起转变作用的就是2000年以来的PISA测试。由于在语言、数学和科学方面的水平测试芬兰稳稳地排在前列，且两次位居第一，所以想去芬兰"朝圣"的不只是中国教育界，关于芬兰教育的"神话"或"奇迹"的传布也使不少困惑生发出来，需要有一本这样的书为人们做真实和负责任的解读。我的感受可以用三个成语——瑕不掩瑜、东施效颦和自知之明串联起来。

一

推进 PISA 测试的国际组织除 OECD 外，另一重要机构——国际教育成就评价协会（IEA）早在 20 世纪 80 到 90 年代就开始与中国密切接触，在宣传其理念的同时也曾希望中国参与。中国之所以迟迟没有参加这一测试，主要是因为中国以往教育的发展基础薄弱，内部差异较大，发展不均衡。即便是后来上海"代表"中国参加并曾夺得第一（2009），但大家都知道上海的代表性是不充分的。

众所周知，PISA 的测试是局限于智力水平的，对体育、德育、美育、生存和发展能力等其他方面的水平没有涉及，所以仅以此就判断教育第一或教育取得巨大成功是不全面和不理智的。

从多方面考察，芬兰的教育的确办得很好、很出色。但好在什么地方？什么是它的思想和制度保障？

在其发展过程中是否也存在问题与危机？芬兰与我们的国情有何差别？什么是可以效法和学习的？没有这些方面的思考与追问，仅在表面仿效是难得"真经"的。

根据文德先生的调查研究，来自不少国家的考察者都"发现"或认为：现在的芬兰教育基于福利国策，政策法律明确稳定，教师准入门槛高（硕士学位、从事过教育研究、经过一年多次的专门实训，录取比为几百比一，而非仅有 2—3 门资格考试），教师可以选择教材，没有教育督导，没有教师评价，教师的收入不受学生成绩的影响，教育均等，师生均有"自主性"，课程少，放假多，学生一般能掌握三种以上语言，没有社会分层，教育体系建立于信任之上，教师的地位和权益保障有"强大的工会联盟"为其做主等。这些明显都是芬兰教育的过人之处或亮点，而其中的部分认识文德先生认为是与真实情况颇有出入的，但在传媒上看不到这类反思。

在书中文德教授列举了一些值得关注的芬兰教育问题与危机。如：私立学校已经出现（已有 80 所），为表现教学水平而出现"表演课"，父母对教育的期待多元且不现实，早期教育花费昂贵且已向中国等国家输出，学校间（芬兰语与瑞典语，南部与北部，一般学校与国际学校）差距的存在和拉大，一些学生通过测试确定优先入学权，整个教育利于女生，商业或企业思维（把教育当作商品，为宣传品牌而隐去存在的问题，部分教师收入的提升与教育输出或国家品牌的项目有关）的渗入，校长的作用越来越像公司的老板，一些教师从公务员变为雇员，特殊教育师资缺乏，存在校园欺凌和吸毒等不良现象，移民子弟教育水平低下，学校排名出现副作用，狭隘的民族主义限制了人们的视野和胸怀，高中阶段的激烈竞争和简单化的精英主义正在销蚀先前的教育成果，商业炒作及暂时的获利已在腐蚀教育的纯洁性，过度关注智育已使道德人文素养的教育弱化等。另外，在一般学校中，学生不听讲、玩手机、放任自流的现象与教师缺勤、教学重点不明的情况屡见不鲜；在 TIMSS（国际数学和科学成就趋势研究）和 PIRLS（国际阅读素养进展研究项目）等类似 PISA 的基于样本的标准化评估中，芬兰的成绩也不尽如人意。

应该看到，能清醒地分析来自各方面的过誉或恭维，善于洞察和认识问题与危机的存在，而不是一味地"兜售奇迹"，也是芬兰学术界、教育界成熟和优秀的体现。根据起码的理智和常识，现在全世界还不可能有一块纯而又纯的净土能完全消除社会差异和商业的腐蚀，在真实的社会之中有这些问题或危机的存在，是很正常的，并不会掩蔽芬兰教育取得的优异成就，反而能为芬兰自身的反思和外来的学习者提供真实可靠的芬兰经验。因为在大环境几乎同样的世界中，芬兰全方位的努力和教育的成效的确难得且令人钦佩。

　　中国人从理论上似乎早就知道，在事物发展的过程中应适时运用恰当的对策，而芬兰的教育实践已经很好地说明了这一问题。我们今天看到的芬兰，督导似乎没有发挥重要的作用，但在以往的发展中，他们的督导确为今天的教育辉煌立下了汗马功劳。在书中，文德教授列举了芬兰督导（包括国家和地方政府的双重督导，以及督政、督学和审计；不做僵化的体系规定和"终结性"评价，重在帮扶和解决问题）的历史和皮尔科·哈特曼女士的个人督导经历，说明曾经的督导非常重要。他们的督导不是定期大张旗鼓地去做简单的优劣判断和奖惩，而是努力帮助学校和教师发现问题或不足，并参与改进的过程之中。我记得2000年中国的教育部也曾探讨过督导的作用和发展问题，我当时鉴于中国督导的走形式、无权限、无法为据的现象，提出了"主动督导"和"参与式督导"的概念与想法，并一直坚持呼吁和推进中国的学校法（明确学校责、权、利的基本法，终止学校发展中的乱象）出台。但是时至今日，这些有助于教育规范与合理发展的基础工作还没有得到起码的重视。正是由于有了前期严格依法、因校制宜、重在帮扶的督导，芬兰教育才会有今天良好的文化积淀。显而易见，如果仅看到芬兰目前没有督导就照猫画虎地忽略督导的作用，想要通过简单模仿或跨越督导阶段进行追赶，都是幼稚和不实际的，势必会落入"东施效颦"的窘境，误读了芬兰的前车之鉴。

二

　　人类的教育发展至今，都会有自己的可取之处。切不可妄自菲薄，也不应妄自尊大，必须要对如何向外学习，以及对自身的现状做出合理、准确的判断。否则，我们丢掉的可能是最宝贵的，学来的可能会颠覆我们自己优良的传统。

　　记得在 20 世纪 90 年代中期，我在一所学校担任校长，那时西方的教育评估刚刚传到中国，在精细化、数量化方面的确有许多值得借鉴的地方，但也使我感觉到，过于细化的（评价一堂课的指标多达40个，甚至涉及教态、语调、表情、服饰等）评价往往会使最为重要的教育教学原则被忽略。2000年以后，中国开始引进"效绩工资"的做法，理由是多劳多得、有效多得，试图改变平均主义的消极影响，但最直接的后果是教师们开始斤斤计较，那些属于公益、不易量化、没有明确奖励的工作没人去做，管理者期待的"效率"被逐渐强化的商业（买卖）意识所腐蚀，原先形成的良好校风、教风受到瓦解。文德教授在书中担忧的芬兰教育的某些变化，如芬兰有些学校已按考试成绩给教师发奖金，有些学校将教师获取社会或经济资源的能力当作留任与否的理由等，从中国的教育经历中也可以找到某些印证和教训。

　　教育的改革和发展需要因地制宜、因时制宜。芬兰教育取得的成就有自己的发展逻辑，中国和其他国家也应有自己的逻辑。作为福利国家和以常年稳步发展做基础的芬兰教育，其可学的内容非常丰富，但并不都浮在表面，而需追溯其发展的过程及积累的经验教训。如在教师入职的标准和身份、教师的管理和评价、学校办学的标准与督导、校长和师生的自主权、公立学校（主要指基础教育）的公益性和主导作用等方面，中国不仅要努力向芬兰学习，也要努力向做得规范合理的日本等国学习，更要从本国的诸多探索和经验中挖掘适合自身的做法，并在认定原则和方向的基础上坚定不移地走下去，而不能轻易被商业炒作和思想风潮所左右。

从古至今、从中到外，人类对教育的认识基本可凝结成一些最重要的思想和原则，包括以人（学生、教师）为本、因材施教、教学相长（教师作用和素养提升、学习者的主体意识、师生互动的价值）、学思结合（思辨、质疑、自主学习）、知行合一、三教（学校、家庭、社会）协同、终身学习、建设学习型社会（学会生存、学习作为发展模式）等。在上述许多方面，芬兰的教育实践不仅践行了这些思想和原则，还在精细化、制度化、法制化、人性化等方面做了诸多具有主动性、创新性、合作性及参与积极性的探索，使理想的教育在学生、家长、教师和社会各方面均有广泛的共识与民众基础，并在操作层面下了很大功夫。

比如在芬兰的学校，校长的自主权力很大，但称职的校长也要做许多深入细致的工作，并有坚定的职业坚守和方向把握。如按常规要听所有教师的课并与之交流改进想法和策略；与所有教师定期谈话（年度个人面谈是教师评价的制度化要求，也是人性化的沟通方式）；关注每位教师的教育教学状况和生涯规划，在听取各方面（家长组织、地方政府和民众、地方主要产业等）意见后调整和改善学校的发展策略，并赢得广泛认同和信任等。这些都是真正想学习芬兰经验的人需要认真、细致和深入探究的，并要看到其背后的制度与文化支撑。

三

文德教授在书中多次质疑仅凭 PISA 成绩就总体判定芬兰教育优秀的方法论和道德问题，而把芬兰教育变成全球市场上的商品，有意识地"神话"芬兰奇迹具有"投机性"，属于"测试结果的滥用"，而国内外的"官方"推销者所看重的也往往不是教育本身的问题。他提醒全球教育界，今天"芬兰教育奇迹"的神话可能会很快变化为"上海奇迹""新加坡奇迹""日本奇迹""韩国奇迹"的神话，商业的价值追求正在扭曲我们对教育的基本判断，也会误导我们对芬兰经验的正确认识。为此，他特别真诚地指出："在许多报告中，我不仅感受到了某种自负、民族中心主义，而且还感受到质疑精神的缺失，甚至是令人担忧的盲目附和——不仅为我的芬兰同事、朋友担忧，也为外国的同行担忧。"

文德教授的担忧是有道理、有责任感的，可以让我们通过学习芬兰经验的鲜活案例获得诸多重要的启示：绝对完美的神话都会离真实甚远，有瑕疵的经验才更接近实际、更适合学习；学习他人或别国的经验（成功或失败）非常重要，正反两方面的经验均有价值；关键要用正常的心态对待自己的问题，能够挖掘出现实背后的制度与文化原因，并努力改善。而且特别要意识到，被多方面大力炒作的教育商业化或品牌化、评价的精细化及其与奖惩的对应性、对学业测试和成绩排名的过度关注等，都很难说是利大于弊，其可能或潜在的巨大消极作用需要被充分认知。

中国是拥有悠久教育历史的国家，相关的教育思想、教育经验极为丰富，是我们可以借鉴的重要资源。在改革开放之初，我们曾开展过"教育本质"的大讨论，系统反思了过往的教育问题，对后来的教育发展影响至深。而现在，我们也在热心制造各种神话，在各类媒体上报喜不报忧，对许多显而易见的教育问题及背后的思想和制度障碍等讳莫如深、避而不谈，致使不少教育问题积重难返或走向歧路，带给国家、民众的损失是巨大和显而易见的。从文德教授的研究中得到的启发不应仅是学会如何向外学习，更应该学会正确、理智、负责任地认识和剖析自己。

文德教授的书并非皇皇巨著，但给人的印象是深刻、务实、选材精当、鞭辟入里和直入主题的。对于关心芬兰教育、中国教育和普遍教育问题的人们而言，这是一本含义深刻丰富、值得一读的好书。

作者系中国人民大学教授

除了神话和国家打造的品牌之外，我们还能从芬兰教育中学到什么？

艾史里·辛普森（Ashley Simpson）

如今许多人都对芬兰的教育体系赞不绝口（Niemi et al., 2016；Sahlberg, 2012，2014），而文德教授的这本书恰恰揭示了隐藏在芬兰教育"神话"与"奇迹"背后的严肃现实。如同文德教授所提到的，正是芬兰在OECD所发起的PISA测试中的优异成绩才引发了大家对芬兰教育的好奇。而在本书中，作者用批判的眼光重新审视了芬兰教育中的各种要素及其所带来的影响，并通过不同的关键点提出新思路来探索所谓的芬兰教育"奇迹"。

在一本以芬兰教育为主题的书中，如果作者没有意识到芬兰在全球商业中所扮演的角色，那么它就算不上一本真正有关芬兰教育的书籍（Simpson & Dervin, 2017）。无论是在芬兰还是世界的其他国家，芬兰教育俨然已经成为一项重要的商业活动，芬兰学校（无论是幼儿园还是国际私立学校）可以说是遍布世界多国

（比如中国、卡塔尔、沙特阿拉伯）。芬兰教育和文化部、芬兰驻外使馆以及私营出口企业所采取的进取型商业模式都表明了芬兰教育经济与政治言论、政治活动之间的密不可分。因此，如果从芬兰自身更宽泛的国家品牌战略的角度出发来看待芬兰的教育现象，世界上有关芬兰教育奇迹的言论自然就需要重新加以审视（Simpson，2018）。

文德教授在本书中非常清晰地阐释了国家品牌战略给芬兰教育带来的问题，并且为读者提供了一个机会来重新思考芬兰教育成功的某些关键因素。芬兰教育中的国家品牌问题对本国及世界其他国家都存在着多方面的影响。过度强调对老师的信任、尊重以及优异的表现会让假象蒙蔽双眼，让人掉入美丽的陷阱，可以说"成功"二字让芬兰教育不断地自我膨胀。所有的这些都是危机的前兆，在文德教授的专业领域——跨文化教育方面——更是如此。正如文德教授在本书中一直在论证的那样，芬兰的研究人员与教育从业者需要在移民、难民的教育方面做出更大的努力，因为芬兰社会并非能够一直保持同质性。

关于芬兰同质性的论述不仅会导致对芬兰的简单推测与概括，并且还会在国内引发民族主义或种族中心主义的言论。对于此，文德教授在他的这本书中进行了清晰的阐释，提出了一些与主流观点相左的看法和现实案例，提供了另外一种视角。考虑到2018年经合组织的 PISA 测试强调学生需要具备"解决全球与跨文化问题"的能力，书中这些建议的重要性不言而喻（OECD，2018）[2]。

我本人曾在芬兰居住并就芬兰教育发表过相关作品，从我的角度来看，我非常赞同文德教授论证的精确性。他的这部作品为未来的教育研究、教育培训提供了批判性的视角与系统性的建议，可以说这本书与教育从业者、政策制定者以及研究人员都高度相关。

2018年6月，上海财经大学—赫尔辛基大学联合跨文化研究中心成立。该中心旨在重新思考当今教育中跨文化的概念，特别是在如今全球教育出口与比较教育迅速发展的背景下，对于这一概念的研究变得更为重要。现在对于中国家长、老师、教育工作者以及政策制定者来说，与效仿其他国家所谓的"奇迹"教育相比，更为迫切的是反思中国教育的现状，扎根本土寻找灵感，而不是照搬芬兰或世界其他国家的模式。因此，中国的教育工作者与政策制定者应当机立断，这或许会带来一些挑战，但挑战一定与机遇并存，我相信中国教育在未来一定能够继续蓬勃发展！

作者系赫尔辛基大学教授

参考文献

Niemi H., Toom A., Kallioniemi A. (Eds.). (2016). *Miracle of education: The principles and practices of teaching and learning in Finnish schools.* Rotterdam, The Netherlands: Sense.

OECD. (2018). *Preparing our youth for an inclusive and sustainable world: The OECD PISA global competence framework.* Paris: OECD Library.

Sahlberg, P. (2014). *Finnish lessons 2.0: What can the world learn from educational change in Finland?* New York/London: Teachers College Press.

Sahlberg, P. (2012). 'A Model Lesson: Finland Shows Us What Equal Opportunity Looks Like'. *American Educator*, 36(1), 20-40.

Simpson, A. (2018). Democracy as othering within Finnish Education. *International Journal of Bias, Identity, and Diversities in Education.* 3(2). 77-93.

Simpson, A., & Dervin, F. (2017). 'Speaking from the stomach? Ventriloquized ethnocentrisms about Finnish education'. *Educational practice and theory.* 39(1). 5-29.

前　言

我希望现在能住在芬兰……

我应该去芬兰上学。

芬兰的教育体系如此出色，我们有太多东西需要向这个重视平等和幸福的国家学习。

有关芬兰人的讨论我都听累了。

——研讨会上的评论节选

本书写作的初衷是围绕芬兰教育"奇迹"的一系列神话展开分析。近些年来，芬兰教育体系几乎受到了全球各地的赞誉，它常常被描述为"教育的乐土"或是"芬兰的撒手锏"。但无论是对于芬兰人还是外国人，芬兰的教育体系都远非描述的那样完美。另外，研究者、教育工作者和决策者们在开展教育的比较研究时，由于常常对情况的了解有出入，所以难免会得出有争议的结论。

同许多其他国家一样，芬兰是一个非常宜居的国家。但如果说芬兰是"天堂"就有些夸张了："天堂"之国并不存在。在今天这样一个充满不确定性的时代，人们都在寻找"天堂"。我们对幸福之岛抱有憧憬和想象。但要注意的是，正如马塞尔·普鲁斯特（Marcel Proust，1927）所言："真正的天堂是我们已失去的天堂。"

本书是关于芬兰的人种志研究，主要论述了芬兰的教育体系，这一体系被售卖到世界各地，有的国家还会盲目地跟风购买。书中的内容主要来自笔者的亲身经历，另外还有来自芬兰及世界各国教育研究者、实践者的观点。正如我们常说的，本书带有主体（间）性，阐述了我的个人看法和观点。本书还具有政治目标，它试图还原芬兰教育体系的某种"真相"——在我看来——正如其他关于芬兰教育奇迹的作品的作者建构了他们（本人或他人）主张的真相。我把书按照网络日志的形式呈现，方便与读者共享不同的资料和观点。

我希望读者能够将此书的观点视作与当前国际上（尤其是法语区国家）主流看法背道而驰的一种观点。如果读者有机会到芬兰实地考察这一"奇迹"，也希望大家不要仅满足于参观一所学校（尤其是首都赫尔辛基的学校），而是要抱着批判性的思维去听取各类说法，提出更多的问题，进行质疑，反思自己的感受与印象，特别要避免没有可比性的比较……

最后，谨以此书献给参与并支持我研究项目的博士、研究生们。

文德（Fred Dervin）

芬兰概况

- 国　　名：Suomen tasavalta（芬兰语）

  Republiken Finland（瑞典语）
- 政治体制：议会共和制
- 独立时间：1917 年
- 人口密度：15 人/平方千米
- 人口数量：540 万
- 首　　都：赫尔辛基（约 60 万人口）
- 加入欧盟时间：1995 年
- 货　　币：欧元
- 官方语言：芬兰语（92%）、瑞典语（6%）
- 移民人口：占总人口 4.8%（截至 2012 年 11 月）
- 国家宗教：新教路德宗（80%）、东正教（1%）
- 产　　业：电子、金属、木材、工程
- 知名企业（品牌）：愤怒的小鸟、芬兰航空、菲斯卡、

  通力、玛莉美歌、诺基亚
- 知名人物：阿基・考里斯马基（Aki Kaurismäki）、

  让・西贝柳斯（Jean Sibelius）
- 国土面积：338 424 平方千米

导　论

　　2010 年《新闻周刊》（*Newsweek*）将芬兰列为世界上最好的国家之一，排名因素包括健康、经济活力、教育、政治环境、生活质量等。另外，在所谓的 2010 年列格坦全球繁荣指数（Legatum Institute's Prosperity Index）排名中（排名覆盖 110 个国家，90% 的世界人口），芬兰位列最幸福国家之一……。芬兰儿童的幸福指数也位居世界前列（UNICEF，2007；OECD，2009d）。

——雷尼凯宁（Reinikainen，2011）[17]

　　赢家就成了其他国家的榜样和理想。

——2017 年斯韦恩·舍贝里（Svein Sjøberg）
就 PISA 测试所发表的评论

　　对对对！我在电视上看过报道，你们的教育制度是全世界最好的教育制度！

——以色列纪念品店女店员

我清楚地记得第一次被问及关于芬兰教育"奇迹"的问题是在2006年。当时芬兰作为东道主举办欧洲歌唱大赛，引人注目的重金属摇滚乐队洛迪乐队（Lordi，妆后像一群"怪物"）夺冠后，一名法国记者跑来见我并希望我能谈谈芬兰的教育，我记得他问的第一个问题是"为什么芬兰学生都这么自主？"（从那以后我又被问了数次同样的问题）。他还补充说他听说自主性是芬兰教育成功的法宝之一。我曾经研究过一点语言教学中的"自主学习"，并且努力思考如何把它与"跨文化"这一概念联系在一起，我还特别与我的朋友兼同事玛丽-何塞·巴尔博（Marie-José Barbot）展开讨论，因为她是这个领域的专家。

　　"自主性"是一个非常复杂的概念，不仅仅是简单的"不被拴住"。实际上，尽管看起来有些矛盾，但"自主性"只存在于与他人的联系之中，并且在这种联系中不断发展。另外，对于"自主性"发展的评价（有些人会说是"自主性"的"习得"——但我强烈质疑"习得"在此处的意义），并由此得出"全世界最自主国家"的结论，都是乌托邦式的做法。

　　基于上述观点，我反问那位记者："您说的自主性指的是什么？"他回答道："就是说能够自己学习，不

8　　　　　　　破解神话——还原真实的芬兰教育

需要老师。"显然，他只能转述常被大众误解的概念，而对"自主性"的真实含义一无所知。

这位记者的其他问题都比较"典型"，同时也都是本书的关键问题，比如"您怎样解释芬兰学生在PISA中取得的优异成绩？""为什么所有学生都如此出色？""芬兰真的没有社会阶层之分吗？""芬兰真的没有私立学校吗？""芬兰的教师都非常优秀，不是吗？"。

但似乎记者对我的回答并不满意，因为我的答案丝毫没有涉及任何关于芬兰"奇迹"的秘诀。与他告别后，我就知道我的访谈内容将不会出现在他的报道中……

这是我第一次直面芬兰教育神话，也是我第一次同这些神话做斗争……

直到最近，我被任命为芬兰赫尔辛基大学的跨文化教育教授，这让我重新直面这些论述，并且可以展开更直接的讨论。芬兰学生自主性的问题不断被人讨论：某些芬兰的决策者、教育工作者和学者经常会把"自主性"作为芬兰教育的优点大加吹捧，并拿芬兰以南的国家或地区，如法国、西班牙的教育做比较，或者是拿中国、日本的教育与之相比（中国和日本的学生经常被比作"机器人"，他们被认为只会死记硬背，屈从于老师的权威）。这类著名的集体主义文化与个体主义文化之间的对比，干扰了当前教育界的研究。霍利迪（Holliday，2010）[14] 就曾经指出，这种观点实则是某些所谓"西方"国家的偏见：他们认为"自主性"这个词是西方的专有名词。这一说法有时被用来对比"我们"西方的个人主义与其他民族的集体主义（同一文中霍利迪使用了"野蛮人"来指代后者，是完全讽刺的说法）。霍利迪还引用了一位英语老师对中国学生的看法："我们不能期望他们像我们一样自主，我们应该尊重他们的文化，他们的文化并不允许自主。"在霍利迪看来，虽然自主性的概念在全球教育文本中已经非常普及，东西无差，南北无异，但是这种民族中心主义和本质主义的论调揭示出的关于"自主"的意识形态研究视角令人心痛。

事实上，芬兰的学生并没有像大家想象的那样自主。比如在大学里，我遇到过很多学生问诸如"真的需要读完整本书吗？"一类的问题，另外，有些学生在阅读或者做研究报告时完全不具备任何批判性思维。难道这就是"自主"？这就是芬兰教育的成功？在这种情况下我们谈论的是谁的"自主性"？是某个学生？

破解神话——还原真实的芬兰教育

是某一个体？……

　　本书带着批判的视角来审视芬兰教育，特别是要审视关于芬兰教育体系的那些神话。同时，我也关注到今天这一体系在全球四处售卖的事实。如同所有被推销的商品一样，这一体系的缺点似乎被刻意隐去，而只有优点被大肆宣传。造成这一现象的不仅有芬兰众生，还有不少外国人。最近无论我走到哪儿，遇到我的人总会对芬兰教育体系赞赏有加。毫无疑问，如同我的同事一样，我也会被吹捧，越来越多地被邀请出席各类场合宣传芬兰教育，或者来评价其他的教育体系等。但是我看到了这种恭维中暗藏的危机：在许多报告中，我不仅感受到了某种自负、民族中心主义，而且还感受到质疑精神的缺失，甚至是令人担忧的盲目附和——不仅为我的芬兰同事、朋友担忧，也为外国的同行担忧。

　　最近我访问了一位加拿大同行的研究所，他对我的来访表示欢迎，希望能向世界上最棒的教育体系取经。当我向他解释，芬兰教育也存在许多弊端时，他的回答却令我震惊："我们不关心弊端，我们只想听芬兰教育的优点，我们需要做做梦。"当今时代，全球化加速发展（Pieterse，2004），世界各国之间相互交织、密不可分，经济危机加剧，加拿大同行的这种反应是可以让人理解的。编织梦想，事实上芬兰教育在做的似乎就是"编织梦想"。如同所有的"商品"一样，芬兰教育有它的缺点，但"售卖"芬兰教育神话的"商人"——无论是芬兰人还是外国人——都对此避而不谈。

2012年9月，我参加了在西班牙加的斯（Cadix）举办的"欧洲教育研究年会"，与会人员达3000人，其中包括许多芬兰同行。我有机会听取了芬兰同行的报告，每次我都会发言，试图对他们建构的芬兰教育的积极形象（有时完全过于积极）稍做"矫正"。这些主要通过量化做出的研究（当然我无意反对量化研究），有些内容在方法论上根本站不住脚（研究者既缺乏考证批判又缺乏反复推敲）。一位同行就芬兰初中生的"幸福"做了报告（她认为芬兰初中生无比幸福），在她无比梦幻般的陈述过后，我问她是如何定义幸福的，她没有回答，接着我又问她如何解释近几年来芬兰学校发生的枪击事件，如何解释酒精和毒品问题，以及如何解释最近芬兰教育和文化部呼吁的打击校园霸凌问题。她的回答则是："我们不能一概而论……"由此看出，至少大家在一件事上达成了一致：我让这位来"推销"芬兰教育的女学者难堪了……

因此，本书还将就如下的伦理问题展开讨论：为了推销而不惜过度美化芬兰教育甚至欺骗大众是可以接受的吗？当教育沦为一种产品时我们需要做什么？研究者需要进行自我批判吗？本书正是要揭开芬兰教育的些许面纱，发现芬兰教育的另一面，戳穿那些神话，揭露兜售和购买教育"奇迹"的始作俑者。

这样科学吗？[1]

某些读者可能会质疑本书的科学性。"他的证据不充分！""他转述了一些报告和逸闻！""这是一本带有政治目的的书！"

对于这些批评，我做如下的回答：市面上大部分有关芬兰教育体系的研究，不管是英语的，还是法语的，在我看来都不怎么可靠。这些研究实际上都是数据统计并且（或者）是短期研究（在两周或三周的时间内访问提前选定的一两所机构，通常是在芬兰南部[2]的机

---

[1] 我将此评注献给克里斯蒂纳·德弗洛特（Christine Develotte），以纪念我们在波士顿的讨论。

[2] 这里我参考了佩尔蒂埃的文章（Pelletier, 2013），他在文章中提道，最近几年对于芬兰教育体制的"探索任务"成为一项真正的事业，一些朝圣游客写下的所见所闻非常吸引人（Jost, 2007; Robert, 2009），还有的写得很细腻。

构开展研究）。另外，这类研究的根据大都只是芬兰教师和学者的说辞，毫无疑问后者将会极力宣传芬兰的教育体系，因为他们恰恰是局中最大的赢家（上电视，在国际媒体上抛头露面，受邀访问国外，为"国家品牌"建设做贡献）。显而易见，演讲报告并不总是符合实际，特别是在这样的诱惑面前。或者说，由于国际媒体与研究中处处充斥着这些演讲报告，"教育奇迹的雇员"如此宣传也就不足为奇了。但是，我们需要更深地挖掘……

我希望提出另一项重要批判是有关那些来芬兰访问的国外学者、决策者和教育工作者的。他们来芬兰访问，却很少有人说芬兰语或瑞典语（这是芬兰学校的两种官方语言），因此他们的观察常常是打折扣的、有偏差的，而且是浮于表面的。

最后，来访者总是会参观组织方选定的学校或课堂。这些访问已经不再免费了，特别是赫尔辛基的教育机构——对于此类访问都开始收取费用。我们注意到赫尔辛基是芬兰访客最多的城市，然而遗憾的是，它的代表性并不高，它不能说明芬兰其他城市或乡镇的情况（芬兰国土面积约34万平方千米，作为对比，英格兰的国土面积约30万平方千米），然而现在715平方千米的赫尔辛基（其中陆地面积约 200 平方千米）却代表了整个芬兰……

更让人惊异的是许多法语国家的访客只能参观赫尔辛基市的法芬学校。虽然该校隶属于芬兰政府管辖，但它也绝对无法作为例子来说明芬兰教育的"奇迹"。根据该校官网的描述：

赫尔辛基法芬学校是芬兰的一所双语学校，教学语言为芬兰语和法语。学校设有学前班、一至九年级的基础班和高中班。此外，学校还包括由"学校校友协会"管理的幼儿园。学校除了教授基础文化课程之外，还特别让学生熟悉法语以及法语国家的文化。❶

我没有具体数据，但从学校的网站来看，该校并不是向所有人都随意开放的。比如对于学前班或一年级来说，学校就规定：

每次招生都会组织一个语言测试……。有哥哥或姐姐在该校读书的学生，通过测试后会获得优先入学

---

❶ 读者可参阅：http://www.hrsk.fi/?lang=fr。

权,剩余的学位会按照一定的顺序进行录取。如有必要,同样分数的学生会通过抽签录取。其余通过测试的学生将被列入候补名单,有效期截至 8 月末……❶

另外,该校(及其他部分学校)每年 1 月份都会在《赫尔辛基新闻报》(芬兰全国发行的报纸)上进行招生宣传。这里面虽然不涉及社会决定论,但我怀疑是否所有的社会经济阶层都可以入校……。正是这样的学校竟成为整个芬兰教育体系的代表,此类例子不胜枚举……

因此,在这本人种志研究中,我希望能系统地分享并解构一些现象、报告演说和访问考察。在与他人的交流谈话中,我从不会仅仅满足于一位受访者向我提供的信息或他的所作所为,因为我们之间就芬兰和他国教育体系的认识都会带有强烈的导向性。

---

❶ 读者可参阅:http://www.hrsk.fi/?lang=fr。

破解神话——还原真实的芬兰教育

您能生活在芬兰是一件多么幸运的事情，我听说那里有世界上最好的 K-12 教育。我希望我自己的国家也能够在教育领域有所造诣，但是我们好像迷失了方向。

法国需要借鉴芬兰模式来培养教师吗?

需要	84%，603 票
不需要	12%，86 票
弃权	3%，22 票
无效	1%，7 票

票数总计：718 票

（http://educationdechiffree.blog.lemonde.
fr,2012 年 12 月 2 日网站对读者的问卷调查）

第一章　芬兰教育的基础

有这样一个国家，学生入学晚，课程少；

有这样一个国家，学生每天在校时间短，每年享受 3 个月的暑假；

有这样一个国家，学生作业少，考试少；

有这样一个国家，教师是受人尊敬的专业人士，能够很快获得终身职位；

有这样一个国家，教师很少被考评；

有这样一个国家，教师薪金达到社会平均值，有强大的工会联盟；

有这样一个国家，学校获得的用于课程建设的拨款并不多；

有这样一个国家，学校研发并采用新技术；

有这样一个国家，学生没有成绩差距，没有一个孩子掉队。

——《芬兰现象：世界上最惊人的教育体系》(*The Finland*

Phenomenon: Inside the World's Most Surprising School System），

托尼·瓦格纳（Tony Wagner，2011）

1917 年，芬兰独立。这是经历了从中世纪到 1809 年的瑞典统治，1809 年到 1917 年的俄国统治之后，而争取到的独立。直到 19 世纪末，芬兰才开始构建民族认同感，特别是芬兰民族史诗《卡勒瓦拉》（*Kalevala*）的编创，至今为止这一史诗在芬兰民族身份建构中仍发挥着增强民族想象力的作用。

在我查阅的所有有关芬兰教育的作品中，作者都强调芬兰是在第二次世界大战后才"走出了战场"，此外还会特别说明芬兰是欧洲唯一迅速偿清战争债务的国家（战争期间，芬兰曾不得不与纳粹分子站成统一战线，反对苏维埃政权）。

在一篇令人热血沸腾的文章中，爱吉格（Egginger，2013）指出芬兰在 1889 年和 1900 年的世博会中就已经被欧洲所仰慕。当时，芬兰还只是沙俄的大公国。爱吉格还特别引用了某个名叫让诺（Jeannot，1902）的人对于芬兰的赞美之词："芬兰组织了公立教育，在很多方面都很完美，内容丰富，教学有效。"后文中让诺还称赞了芬兰学校的现代化、均衡、公平和高效。

一个世纪后，类似的话语也出现在本章的引文中，其中某几行酷似史诗或童话的节选。引文来自名为《芬兰现象：世界上最惊人的教育体系》（以下简称《芬兰现象》）的纪录片，由美国哈佛大学的教授托尼·瓦格纳执导。

2011年，这部纪录片几乎被传播到世界各地，是一系列有关芬兰教育资料（播客、广播节目、书籍、杂志文章）的一部分。《芬兰现象》谈到了几乎所有人都会针对芬兰提出的问题："为什么学生都如此优秀？""如何解释芬兰奇迹？""在芬兰教育体系中我们可以借鉴些什么？"就像其他大部分资料一样，该纪录片没有对芬兰教育提出任何真正意义上的批判。该片中所有的发言（都是被挑选出来的！），无论是教师、决策者、家长还是被访问的学生，都非常正面积极。就像其他的资料一样，这部纪录片具有选择性：导演选择了位于芬兰南部的首都或首都附近某些针对性很强的机构（甚至选了大部分用英语授课的国际学校！）。瓦格纳的问题在于他既不懂芬兰语也不懂瑞典语，所以他并不清楚课堂上到底做了什么、说了什么，这也是大部分来芬兰访问的人所遇到的问题。瓦格纳只能相信人们展现给他的内容——当然没有丝毫批判性的内容出现。比如，在我工作的赫尔辛基大学中，就有许多准备好了的有关芬兰教育的资料，这些几乎成了为"教育访客们"——罗伯特称之为"教育朝圣者"（Robert，2008）[8]——必念的"咒语"："芬兰没有社会差异""信任是芬兰教育的关键词""在芬兰，所有人都希望成为老师，这是一个非常受人尊敬的职业""芬兰没有等级"等。这些千篇一律的演讲在全球在线大型电视频道的报道中都能找到，如 ABC、CNN、BBC、France 24、CCTV 等。

我的一位同事就出现在上文提到的纪录片中，她这样解释芬兰教育的成功："芬兰能够在这些排名中登顶的原因并不是单一的，在我看来，是由许多互相作用的因素相互影响而决定的。"而纪录片导演本人则汇集了所有缺少理智、颠来倒去的标语，做了如下一段独白：

最令我惊讶的是，我发现芬兰教育体系是建立在信任的基础之上的，教育部门相信市政当局会根据需要采纳和调整国家课程，市政府相信教师和学校，教师甚至相信学生能够合理地分配自己的时间，以及使用互联网和其他科技。当然，信任并不是一夜之间建立的，芬兰人的"信任"以大家就教育的重要性和教育的目的达成共识为开端。这一共识使芬兰人更注重共同合作、相互协作，来为他们的孩子在新全球知识经济中创造一个富有、尽如人意、丰饶的生活。

在接下来的内容中，我将就芬兰教育体系中令人羡慕的部分逐一展开讨论。但这不涉及对于芬兰教育体系的详细介绍，有关芬兰教育的详细介绍读者可参阅帕思·萨尔伯格（Pasi Sahlberg，2011a，2011b）、汉奈丽·涅米（Hannele Niemi，2012）、文德（Fred Dervin，2013）等人的作品。我们注意到，大部分对芬兰教育奇迹感兴趣的外国人关心的主要是小学和初中，而很少会谈及芬兰的高中和高等教育。所以这里我就重点讲讲这些学段。

教育奇迹的几个法宝

· 教育政策相对稳定。比如高校师范教育的模式约在 40 年前就已形成了，至今变化都非常小，改革也非常少。

· 入学机会均等。从小学到高等教育全部免费。在小学和初中，每名学生都会获得免费的教材、车票、享受免费的医疗保健，午餐也免费供应。芬兰宪法中第 16 条关于文化权利的规定如下：

每个人都有权利接受免费的基础教育。法律规定义务教育。依据其他法律中的细则规定，国家保证根据能力和个人需要，每个人都有平等的机会进修深造、接受基础教育之上的教育，不会让贫困成为障碍。保证科学研究、艺术表达以及高等教育的自由。

在高等教育方面，要注意到某些大学，比如在赫尔辛基的阿尔托大学，已开始对非欧盟学生收取注册费（*Universities Act*，558/2009；*Amendments to the Polytechnics Act*，351/2003），大学生协会对此表示担忧，害怕注册费会普及到所有学生（Hölttö & Cai，2012）。

· 芬兰教育和文化部与芬兰国家教育委员会确定总体课程大纲，并由地方政府和学校根据本地情况执行。

- 芬兰规定学生 7 岁入学，但 98% 的学生会进入幼儿园或日托中心，在幼儿园或日托中心时，孩子们除了玩耍，也会学习读、说、写等。幼儿园和日托中心曾归属于芬兰社会事务部，自 2013 年 1 月 1 日起由教育部管理监督。

- 在整个基础教育阶段（7—12 岁），国家不会组织任何考试，但是学生会参加地方组织的测试并获得成绩。

- 学生从早期就可以享受到教育帮扶和补偿措施（特殊教育、特殊需求教学），从而保障所有学生的机会平等。

- 芬兰教育不提倡选拔，除了初中升高中、高中考大学或者进入某些特殊小学之外。

- 许多作者指出，芬兰是以学生为中心的教学，总体目标是让所有学生得到充分发展和幸福（当然这不仅仅是芬兰的目标）。保罗·罗伯特（Paul Robert，2008）[10] 将其描述为："学生充分发展，教师获得幸福感。"

还有很多常常被芬兰和国外学者提到的"奇迹"的法宝，是一些更细且较主观的内容。这里，我只列举以下内容（Sahlberg，2011a；Niemi et al.，2012）：

· 师资培养以严谨的教育学研究和实践为基础。实习教师在研究生最后阶段会被"正式"认定有能力开展自主研究。所有教师，无论是小学教师还是中学教师，都需要获得硕士文凭（5 年的高等教育培养），其间要学习教育学以及专业学科（在学校要教授的学科）。如果既没有硕士文凭也没有上过教师培训学院，几乎不可能获得固定的教师岗位。当然到目前为止，没有任何可靠研究表明取得硕士学位（对比学士）更有利于教学。

· 芬兰教师的薪金合理公道。根据 OECD 的数据，2010 年，芬兰小学教师的入职薪金为 29 000 美元，职业生涯后期可以拿到 37 000 美元。对比法国：小学教师入职薪金约为 24 000 美元，而且职业后期涨幅也不大。加拿大小学教师入职薪金为

35 000 美元，15 年后可以拿到大概 55 000 美元。芬兰高中教师的薪金为 32 000 美元和 40 000 美元，法国为 27 000 美元和 35 000 美元，加拿大为 35 000 美元和 55 000 美元。另外，芬兰教师工作环境优越，虽然由于气候问题会出现发霉和致敏的情况，但学校设施配备齐全。不仅如此，芬兰教师的工作量与其他国家的教师相比要少，一位初中教师一年授课时长约 600 小时（即每天 4 节 45 分钟的课），而美国初中教师为 1080 小时，几乎多出了一倍。

· 在芬兰，教师这一职业备受尊重。教师有很大的自主权。萨尔伯格就曾经指出："芬兰文化❶将教书育人视为一个崇高、自主、有声望的职业，就像医生、律师或建筑师。"

· 所有人都有平等的学习机会，因为芬兰学校差异或者说社会差异很小。在学校里，学生不会被拿来

---

❶ 当然，我质疑这里是以文化为借口。决定教师形象、使教师受到崇敬的并不是文化，而是那些可以迅速改变看法的复杂个体（读者可参看文德作品，Dervin，2012）。

比较，但是会给有需要的学生提供特殊教育支持。学生的家庭作业不算多：对于 7—9 岁的芬兰学生来说，每年作业量约 600 小时，而在澳大利亚，这一数字约为 1000 小时（OECD，2009）。

鲜被论及的高中和高等教育

看过上文选取的有关芬兰"奇迹"的几个关键点，我们能够看出其中矛盾和不明确的地方。同样，当我们将目光移到初中升高中、高中考大学时，上文提到的一些观点便不再成立。

初中结束后，学生们可以选择普通高中（3 年）或转向职业教育。进入某些高中需要在初中取得优异的成绩（成绩从 4 分到 10 分不等）。某些特定的学校，如赫尔辛基的罗素（Ressu）高中，有时需要平均分 9.7分才能入校。普通高中的必修科目包括：母语、第二语言❶、英语、第二外语、数学、历史、宗教、社会科学和体育，除此之外还可以再添加选修课。与法国或

---

❶ 译者注：在芬兰，出于历史原因，讲到第二语言特指芬兰语或瑞典语。

其他欧洲国家不同，芬兰高中不分科（比如法国分为文科、理科、社会经济科），学生可以自己决定在数学、语言等科目上的课程时长。

2008年罗伯特（Robert，2009）[8] 第二次访问芬兰时，对芬兰高中显得有些失望，并且批评了芬兰高中的保守："芬兰基础教育阶段，做出各种努力来保障实现真正的教育公平，但从高中开始却不仅允许，甚至还鼓励进行残酷的选拔。"他特别描述了高中模块化走班模式，这种模式打破了传统的班级，特别强调自主性和责任感，每个学生都要自己选课——但这一模式却并不像他想象的那样运转良好。另外，他还注意到"某种教学的保守主义和简单化的精英主义"与基础教育所提倡的公平相矛盾。为了支持他的言论，他引用了一位芬兰负责人的话，这位芬兰负责人直截了当地承认："在义务教育阶段，我们面向所有学生，但之后则需要关照精英。"

最后，罗伯特对于芬兰高中过时的教学法感到意外。这种教学完全以教师为中心（上大课），学生们也不积极，只是听课、（偶尔）记笔记。毫无疑问造成这一局面的原因之一是来自毕业会考的压力。实际上，这些课程和多种多样的考试训练都像极了临时抱佛脚。

记得之前我在位于赫尔辛基北部的一所乡村高中教书时，恰有一名阿尔及利亚访客，为此我准备了一堂介绍马格里布地区的课。课上了大概十分钟后，一名学生提醒我"这是在浪费时间"，为了毕业会考还是做些"词汇"测试比较有用……

芬兰学生在高二时可以参加几门课的会考，剩余科目在高三考完。毕业会考（芬兰语：Ylioppilas-tutkinto，创建于 1852 年，当时是赫尔辛基大学的入学考试）标志着中学阶段的结束，同时也是进入高等院校的一道门槛。毕业会考所获得的评语非常重要，对学生的未来起着决定性的作用（按等级用拉丁语评价为：laudatur, eximia cum laude approbatur, cum laude approbatur, lubenter approbatur, approbatur, improbatur, 分别意为出类拔萃、优秀、好、良、及格、不及格）。学校和家庭庆祝会考成绩的场面宏大，学生们会戴上镶有徽章的白色鸭舌帽（一般是赫尔辛基大学的徽章，帽子费用由学生支付），此外学校和家里还会升国旗庆祝。

一旦通过会考，接下来想要敲开高等院校的大门就要参加选拔性入学考试（大学）或提交书面材料申请（高等技术学院）。约五分之三的芬兰学生可以进入这些高等院校。

接下来我们谈谈现在的高等教育。在国际媒体或研究中〔法语文献中文德和维贝格的批评文章除外（Dervin & Wiberg，2008）〕，大家很少会提及芬兰的高等教育。但是，芬兰高等教育在几年前经历了一场重大的改革，这场改革引发了很多争论。2013年，芬兰共有14所大学，在此基础上又增添了26所综合工科学院或者叫作应用科学大学（芬兰语：Ammattikorkeakoulut en finnois）。

对1997年制定的芬兰大学法的改革于2008年秋季学期正式启动。改革的重要成果，即大学"自治"于2009年8月1日正式生效，出乎众人意料的是，只有政府和大学领导层参与了该项决议。在《新大学法》（*Universities Act*）中，国家切断了与大学之间的法律"纽带"，自2010年1月1日起，大学成为"独立法人主体"，并且必须要选择成为公法人或由私法管理的基金会。在财政方面，国家只提供大学预算的60%（部分用于教学、行政和研究），大学被鼓励向私企寻求用于研究的必要资金支持，可以通过广告宣传募捐，或者向校友或其他个人募捐。截至2011年春天，赫尔辛基的阿尔托大学获得了公众及企业的大量捐赠，其中包括诺基亚公司600万欧元的捐款，该公司向其他大学（赫尔辛基大学、奥卢大学和坦佩雷大学）共捐赠 1200 万欧元。大家寄希望到 2020 年阿尔托大学也能在世界大学排行榜上位列前茅。

大学受到商界的直接启发，其企业职能也有所发展。另外，现在每所大学都由"校董会"（校长为董事长）管理，"校董会"由非学术界且具有影响力的人构成。

目前芬兰大学拥有大约 3 万名教工，这些人在改革中失去了公务员的头衔，变成了大学的雇员。对于大部分教师来说，部门年度个人考核中研究和国际活动占有较大比重。比如，大学每年都会收集每位教师的国际往来数据，以此向世界大学排名机构进行"申报"——如《泰晤士高等教育》——来获得更高的排名。硕士论文和博士论文在院系评估中也占有相当的比例。但是，目前还没有任何具体的措施来保障教学的质量（由于教师享有所谓的"学术自由"，因此有很大的自由度；另外学生反馈评价也未成体系）。但至少大学会向希望革新教学方法的教师提供各类继续教育的支持。

我和维贝格在 2008 年的研究中指出，自 20 世纪 90 年代以来大学就明显表现出增加讲师岗位减少教授岗位的趋势，这一趋势自大学实行自治以来进一步得到了证实。所有人都要做研究。但是，某些教师更多地被视作"单纯"的讲师而非研究人员（这种新岗位名为"yliopisto-opettaja"，意即"大学的教师"）。

此外，获得外部资金的情况（特别是用于"减轻"工资开销的压力）也被列入两年一次的个人评估中，并已经成为雇用或晋升的标准。自20世纪90年代以来，芬兰就开始对大学教学科研岗教师的工作进行评估，特别是借助新薪资制度（芬兰语：Uusi palkkausjärjestelmä, UPJ, cf. Salmon, 2008）进行评估，这种制度自2009年以来在评估中的借重占比不断增多。

因此，芬兰大学改革改变了大部分大学教学科研岗教师的工作，他们要加入预算较多的国际或欧洲研究项目，要设立有资金支持的研究课题或者在芬兰科学院中谋得一席以供养研究机构。那些不能给机构带来直接收益的项目将不会得到真正的认可和重视。另外，自改革以来，某些大学雇员（尤其是奥卢大学或拉彭兰塔理工大学等大学的教授）由于"盈利"不足而被辞退，这在芬兰大学史上还是第一次……。可以明显感觉到，在改革刚开始的几个月中教学科研岗教师们表现出一定程度的慌乱不安。大学则试图通过增加透明度、倾听教师声音来缓和事态。

但这场改革也并非一无是处。改革的其中一个目标是使大学资源能够更多地向高水平研究及具有战略性的领域倾斜，确保研究的质量和高效性，在一定程度上也间接地保障了 17 万的大学生享受到高质量和高效的教育。另外，《新大学法》有利于加强研究和教学资源的针对性，并有助于增强大学的实力。

通过大学自治化发展，芬兰直接开辟了一条新的道路，在不久的未来，欧盟大部分的国家将纷纷效仿……

世界上最好的教育？

即使你在高中毕业考试中成绩优异，而且成绩报告单也非常亮眼，但还是不能直接获得师范专业的准入资格，只有在大学入学考试中同样发挥出色才可以。因此你必须努力学习，在芬兰从大学才开始认真学习的比例并不高。

——《芬兰现象》中的芬兰女大学教师

文德："我再次打断您，但请问芬兰有不合格的老师吗？"

马里特·科尔霍宁[1]："在芬兰，谁都可以做老师，比如不需要任何专业资格就可以当一年的代课老师。在我的学校里，有一位教俄语的女老师，她在俄罗斯是一名合格的老师，但在芬兰就不够。她的芬兰语讲得很不好。可是她也教了一年小学二年级，而且没有人投诉她。"

——文德与马里特·科尔霍宁的谈话

（Maarit Korhonen，2012）

这里谈到的是芬兰的师范教育，这是最经常被用作阐释芬兰教育奇迹的一个因素。众所周知，师范教育的根据地在大学。要获得教师资格，首先要获得硕士学位（文学硕士或教育学硕士）并开展过教育研究，还要在师范学校（即专门培训实习教师的学校）完成几轮实习。一旦获得硕士学位，青年教师就四处应聘：招聘和选拔以面试的形式进行。对于某几门学科来说，比如历史，有时竞争比例会达到几百比一。所以某些住在南方的老师就会迫不得已先去北方或拉普兰地区工作一段时间，等待南方有空缺的岗位——当然前提是能被选上！

---

[1] 马里特·科尔霍宁曾在数所学校任教，曾著书抨击芬兰教育的迷失。

同所有的大学学科一样，想要注册学习教育专业需要通过大学入学考试。专业的某些方向会非常火爆，比如小学教育。像赫尔辛基大学，2010年共有120个小学教育专业招生名额，报名人数却达到了1500人。中学教育专业竞争没有如此激烈，同年在赫尔辛基大学，中学教育专业的招生名额为400人，报名人数为750人。

选拔分为两步，首先要看候选人毕业会考的成绩和中学的成绩报告单。之后候选人需要参加大学举行的笔试，笔试内容为考试前要求阅读的教育学作品。笔试发挥出色的学生还要通过大学教师的面试，陈述自己的学习动机。一旦被选中，学生就要接受五年的教育。小学教育专业主要把教育学作为"主课"，而中学教育专业则更专注于某一特定学科（英语、母语、生物等），但他们也要学习教学法和教育学。大学教育专业的学习都是建立在我们所说的"基于研究的教师教育"上——这一说法出现在几年前，用以捍卫在学术界声誉不佳的师范教育的地位。也就是说师范教育是以"科学"的教学方法为基础的，通过这些方法，学生根据教学理论学习制定研究计划、开展实践，并呈现研究成果。

学生还要在师范学校中完成数日的实习，这些学校都附属于大学❶。实习期间，学生需要观察课堂，在指导教师的观察指导下授课，并且与其他的实习教师开展合作。大学的教学科研岗教师也要参与实习的组织、推进和评价工作中。最后需要指出的是，所有的大学教学科研岗教师和实习学校的指导教师都至少取得了博士学位（芬兰语：lisensiaatti）并且需要积极地参与研究工作。

---

❶ 读者可参阅：http://ftts.fi/index.html。

来芬兰考察研究的
外国学生
2012 年 10 月

尊敬的文德先生：

　　我们是来自 **** 的两名女学生，正在参与我们国家选择性教育方法的资助项目和考察研究。最后一站的考察研究是到赫尔辛基考察芬兰教育体系。我们的研究是"选择性教育"：根据学生自己的学习方法，老师更加紧密地指导学生，同时学生也更及时地向老师反馈。我们观察到，这种方法可以为学生创造更加平等的环境，学生的学习积极性也会提高。

　　我们从文章中了解到，芬兰教育体系的基础是课堂上的"平等学习环境"，教师的培养也遵循于此。所以我们想访问您所在的系并了解芬兰的师范教育体系。

　　如果可能的话，就"芬兰教育体系"（特别是您所在的教师教育系）对您进行访谈非常符合我们项目的预期。如果您有时间，敬请告知，我们将准时到达。

　　此致

敬礼！

×××

来芬兰考察研究的
外国学生
2012 年 10 月

　　（……）鉴于芬兰在教育方面的成功，对芬兰教育体系的观察对于我们的项目具有重要的意义。我们非常好奇芬兰年轻人在学校是否有（或如何获得）学习的动力，以及是什么促使芬兰的教师如此投入地工作。（……）我们试着联系过很多学校（特别是高中学校），但并没有得到太多的答案，而且这些学校要对此类访问收费。

第二章　芬兰教育的神话

当我们"从内部"关注芬兰教育时，会首先惊异于一种"双重束缚"甚至是精神分裂的感觉。一方面是来自国外的赞誉，另一方面是国内反复的批评，而这些批评则很少被传到国外。❶

我们来举一个有趣的例子。帕思·萨尔伯格，国际交流中心（CIMO，位于赫尔辛基）主任，2011 年出版了《芬兰道路——世界可以从芬兰教育改革中学到什么？》❷（*Finnish Lessons: What Can the World Learn from Educational Change in Finland?*）一书。该书出版后，萨尔伯格就开始了世界巡回活动，不仅为了推广芬兰教

---

❶ 参阅芬兰唯一的教师工会周刊 *Opettaja-lehti*：http://www.opettaja. fi/portal/page?_pageid=95,1&_dad=portal&_schema =PORTAL（网站只提供芬兰语版本）。

❷ 后文简称《芬兰道路》。

育，还为了推销他的书❶（读者可参考萨尔伯格网站：http://www.pasisahlberg.com/）。他在网络上以民族中心主义的方式推广芬兰，夸赞在各种国际比较研究中芬兰所取得的优异成绩。

萨尔伯格在国外的报告大部分都可以在网上找到。让人意外的是这些报告完全缺乏研究者对于芬兰现状的批判立场，报告的受众亦是如此❷。我注意到的其唯一一次批评是在 2012 年 3 月，应琳达·达林-哈蒙德（Linda Darling-Hammond）邀请，萨尔伯格到斯坦福教育机会政策中心（Stanford Centre for Opportunity Policy in Education）演讲，达林-哈蒙德是美国斯坦福大学查尔斯·E. 杜科蒙学院教育学教授（Charles E. Ducommun Professor of Education），曾在奥巴马总统团队从事研究教育问题的工作。演讲结束后，达林-哈蒙德

---

❶ 萨尔伯格经常在推文中提到他的这本书，比如在 2012 年 1 月："如果想了解更多芬兰教育改革的经验，请阅读我的获奖书籍《芬兰道路》"，"本月《芬兰道路》荷兰语版和中文版将问世，2 月底在雅典将推出希腊语版"。

❷ 在我看来讽刺的是，2012 年 11 月，他在上文提到的教师杂志中发表了题为《芬兰教育神话》的文章，批判他在国外听到的某些神话。文章芬兰语版网址：http://www.opettaja.fi/portal/page?_pageid=95,82089&_dad=portal&_schema=PORTAL&key=175032。

的一位同事指责萨尔伯格在演讲中美化芬兰教育："您没有提芬兰昂贵的早教，也没有提芬兰儿童从两岁起就开始接受教育"，"为什么你们 2009 年的 PISA 阅读成绩较 2003 年有所下降（这还包括男女生之间的显著成绩差异，以及显著的社会阶层差异）"。这位老师还提道："如果您谈论的不包括这些因素，不涉及芬兰的社会福利，那么您描述的真的不是芬兰教育的全貌……"东道主达林－哈蒙德显然被这样的观点激怒了，她打断了她的同事，并且说道："我只是在问你是否有问题"，"我非常希望能换一个人提问"。而萨尔伯格也没有回应这些攻击。

最近几年在阅读了有关芬兰教育的大部分资料后，我想有选择性地介绍几个我能够鉴别的"神话"，并与芬兰媒体日常讨论的内容做一对比。这样您就会领悟我在本章开头所说的"精神分裂的感觉"。

· 芬兰是一个同质均衡的国家。

· 错！这是芬兰神话在全世界最大的一个卖点。同质并不存在，因为文化是多元的，所有人都是不同的：男性、女性，同性恋、异性恋，年轻人、老人，教徒、非教徒，富人、穷人，……列举下去无穷无尽。每个人想的、做的都不一样！21世纪初,文化和民族的"刻板印象"没有任何价值,我们身处的时代（如同所有时代一样）是一个混合的、混杂的、多元的、跨文化的时代（Abdallah-Pretceille,1986；Dervin,2012）。但罗伯特(Robert,2008)[64]没有对他听到的话语进行任何批判性思考,他写道:"芬兰人所提倡的道德标准是人类最深刻的内容:诚实、忠诚、信任……"❶（这些道德标准是芬兰独有的吗？它们适用于每个人吗？）同质性的神话经常被反复使用,特别是当谈到移民问题的时候。移民是用来解释教育中哪怕最小问题的最简单的理由。当我被任命到赫尔辛基工作时,一位女同事非常高兴,因为她认为我的到来可以"更好地理解移民,从而避免学校在大学排行中的名次下降"……

---

❶ 这里在影射"sisu"的概念,此概念经常被用来形容幻想中芬兰人的特点,在冬季战争中被用作宣传,以此激励部队。人们经常说一些在其他语言中没有对应词语的词语［尽管在法语中可以翻译成"courage"（勇气）、"ténacité"（顽强）或"persévérance"（坚韧）（Taramaa,2007）；在英语中我们普遍会翻译成"Keep calm and carry on"。］当然,这种幻想似乎对民族构成了某种不合理的等级,我们对此表示怀疑。

- 芬兰学生都很优秀。
- 错！当然不可能所有学生都优秀。比如雷尼凯宁（Reinikainen, 2011）[12-13] 就提到性别之间的差异。2009 年 PISA 测试也显示出女生比男生有较大的优势，而且在所有 OECD 成员中的差异最为明显。在国际资料中，还有一项内容鲜有提及，那就是以瑞典语为母语的学生（占少数）和以芬兰语为母语的学生（占多数）之间的成绩差异（出于历史原因，芬兰有两种官方语言；瑞典母语人口为少数，占总人口的 6%）。罗伯特（Robert, 2008）[22] 认为"两个不同群体在学业表现上没有显著差异"。但 2009 年 PISA 测试结果则显示，以瑞典语为母语的学生学业表现要低于以芬兰语为母语的学生，特别是在阅读素养方面。二者的成绩对比如下：阅读 511/538，数学 527/541，科学 528/556（Sulkunen et al., 2010）。海蒂·哈留－卢凯宁（Heidi Harju-Luukkainen）认为，造成这一现象的原因可能是瑞典语学校特殊教育师资短缺，甚至可能是师范教育的水平不高（全国性瑞典语报纸，*Hufvudstatsbladet*，27.1.2012）。

- 课堂活跃，教师备课充分，教学以学生为中心。
- 并非一贯如此。当然，像世界各地的大部分老师一样，芬兰老师都很专业并且会竭尽全力地工作。但也有老师什么都不做，每年上课都重复着同样的内容……。所以在芬兰进行的研究——以及当前的观察——都不应该仓促地下结论。到底该如何评价这个问题呢？当一个班级被选做示范课时，教师和学生往往都不能"本色出演"：大部分情况下我们都会提前通知学生有外国访问团参观，他们要好好表现从而给访问团留下好印象。曾经有几次我没有提前通知老师就去听课，结果其中有几堂课真的是一片混乱！我记得有一次我去北方的一所小型初中听了一堂艺术课。整堂课一共一小时三十分钟，第一个小时里，学生什么也没做：老师跟学生聊他怎么度过的周末，然后提议了几个课堂活动让学生选做。学生们的积极性非常低，都不愿意做，导致老师又开始无休止地数落他们……。再次强调，我们不能凭借这些逸事以偏概全。然而我想表达的是：在教育比较中，我们不仅要质疑别人向我们介绍的内容，还要界定介绍人和听者的身份以及当时的背景。

- 所有学生的教育机会均等。

- 错！我们很少会注意到的一点是芬兰的教师招聘是地方教育主管部门和学校采取面试的形式进行的。虽然硕士阶段的表现（评语）是招聘参考的重要标准，但事实上聘用选拔的标准仍不太透明。从理论上讲，这种选拔模式意味着最好的老师会被主要集中在芬兰南部地区的好学校录用。但另一个常被掩盖的重要因素是，每年报纸都会刊登国家优秀初高中学校的排名。根据最近的一篇报道，芬兰各地学校之间的差距逐渐增大，促使一些家长在择校时会给孩子精挑细选，以避开某些学校（特别是有大量移民学生的学校）（*Taloussanomat*，12.7.2012）。芬兰社会长期以来都被描述为同质性的社会，却一直无视存在于社会中且人数并不少的少数群体，或者是简单地忽略了个体的多样性。二十几年来，随着芬兰移民数量的增加，芬兰社会的不平等也在加剧。2010 年，移民家庭子女在结束基础教育后停止接受教育的人数是非移民家庭子女的三倍。比如，赫尔辛基东部的乌萨里（Vuosaari）高中，在 182 所普通高中里，这所高中位列第 146 名，其所在片区经常被描述为"移民区"，学校只有 7.5% 的学生能够进入大学（*Yle News*，4.5. 2012）。

- 芬兰没有私立学校。
- 错！芬兰共有 80 所私立学校，其中约有 20 所位于赫尔辛基（英语学校、犹太学校、Helsingin Suomalainen Yhteiskoulu、Oulunkylän Yhteiskoulu、Töölön Yhteiskoulu、Helsingin Normaalilyseo❶ 等）（*Yle News*，20.9.2012）。这些学校拿到更多的政府拨款，其中有些学校入学需要缴纳注册费。

- 芬兰男女地位平等。
- 错！在芬兰，男女之间在薪酬上的差距依然明显（虽然这一状况有所改善）。芬兰男性平均薪酬要比女性多出 15%（*Statistics Finland*，2012）。私立部门亦是如此，男性每月平均薪酬为 3729 欧元，女性每月平均薪酬为 2913 欧元。女性的社会地位通常来说要低于男性。我们经常会提到芬兰曾出过女总统塔里娅·哈洛宁（Tarja Halonen，2000—

---

❶ 这些都是位于赫尔辛基的知名私立学校——译者注。

2012），虽然女性担任总统的国家并不多，但是要知道与国家总理的权力相比，总统的角色只是象征性的（在议会制民主制国家）。表面上，芬兰比别的一些国家两性之间更为平等，但芬兰并没有实现真正意义上的男女平等。

- 芬兰学生很"幸福"。
- 错！ 2012 年 3 月，在奥里韦西（Orivesi）的一所学校，一名学生被另一名学生枪击（这是三个月内该校发生的第三起暴力事件）。内政部长因此下令检查全国学校的安全状况（*Yle News*，30.3.2012）。我们不要忘记此前还发生过的严重事件：2007 年 11 月，5 名学生、1 名校长和 1 名护士在约凯拉（Jokela）遇难；2008 年 9 月，10 人在考哈约基（Kauhajoki）的学校惨遭屠杀。我们很难就此得出普遍性的结论，但是这些事件却揭露了社会的某种病痛。此外，近几年家庭发生的凶杀案数量也有所增加。

- 芬兰在 PISA 测试中的优异表现与出色的师范教育相关。

· 不确定。萨尔伯格在点评芬兰学生的阅读素养表现时说：

学生出色的阅读成绩源于教育和社会文化。学校里，老师根据个体的发展和学习进度教孩子阅读，而不是依靠标准化的教学和频繁的测试。在家里，芬兰的父母不仅自己大量阅读，还会带孩子读书。居民们通过密布的图书馆可以非常方便地借到书籍和报纸。此外，孩子们从很小就看带字幕的电视节目。

或许为了解释这一结果，我们既要考虑学生的第一语言（词法、句法、发音等），也要考虑一些关键的环境因素，比如在芬兰，所有的电视节目和电影都配有字幕（而大多数欧洲国家用配音）。罗伯特（Robert，2008）[22] 在他的《芬兰：法国教育的榜样》（*La Finlande: un modèle éducatif pour la France*）中批评了那些质疑芬兰教育成功的人，认为那些断言"芬兰学生的成功得益于芬兰语的音形一致"的人太过草率……（请注意罗伯特一点也不会说芬兰语❶）。芬兰语有着规律的拼写法：一个音对应一个字母，因此阅读确实可能会更容易。而其他语言，比如法语或英语，一组音素的发音可能与它们的书写非常不同［例如在英语中，Leicestershire 的发音为 /lestəʃə(r)/］。所以我们要把 PISA 成绩与语言、语境等要素进行交叉研究，才能得到答案。

- 芬兰没有社会阶层。
- 错！最近的一项研究表明，芬兰的贫富差距正在加大。2012 年，芬兰财富排名中前 10% 的人的收入约占全国总收入的 24%。当然，这对于教育不可能毫无影响。小学教师马里特·科尔霍宁在她批判芬兰教育的作品中就提到了许多芬兰小学

---

❶ 在这里我想同普勒姆（Pullum, 1991）一项有趣的研究做对比，他研究了爱斯基摩语（实际上有许多叫作"爱斯基摩"的语言）中"雪"这一单词。普勒姆很有说服力地指出：许多语言学家和跨文化从业者断言爱斯基摩人有十几种表达"雪"的方法，他们不加犹豫地说明在这个词的基础上能够明显地看出语言与文化之间的联系。普勒姆发现这个"虚假信息"（英语是"hoax"）来源于一位美国研究者的作品，这位研究者不会说爱斯基摩语，但是他找了一位爱斯基摩本地人询问"雪"在他们语言中怎么表达。

中社会经济的差异，以及由此给教学带来的戏剧性影响。三十年来，她在多所学校工作过，在一篇题名为《我们的学校哪里出了问题？》（*Koulun vika?* en finnois., 2012）的抨击时评中，马里特·科尔霍宁讲述了芬兰学校的日常生活。以下是2012年9月我与她的谈话摘录：

文德："我想问您的第一个问题是，您为什么决定写这本书？您是什么时候产生了写书的想法的？"
马里特·科尔霍宁："实际上有两个原因。首先，我听烦了媒体所讲述的芬兰教育和芬兰教师的工作。其次，两年前我曾在赫尔辛基库洛岛一所极度精英主义的小学工作。我决定到那里工作是因为我不想再继续做社工，并且我之前的那份工作让我很难有时间陪伴家人。我想要教书，而不是当社工，所以我选择了芬兰最好的学校。我给学校邮寄了我的材料，获得了一年的工作机会。工作后我很震惊，我不知道芬兰还有如此富裕的家庭。早晨，父亲开着法拉利来送他的孩子上学，而买车的钱足够让一名孩子至少环游地球一次。我是从东南部图尔库的一所小学来的，那里有的孩子甚至没有钱买冬天的靴子。但是这儿的孩子，他们却什么都有！有的家庭甚至有5套房子！但是这些孩子并不幸福。之前我一直认为他们会比其他孩子更幸福，但是我错了。大部分的孩子都承受着来自父母的压力：他们各科都要取得10分的满分，否则家长就会生气！另外，这些孩子非常忙碌，课余时间要培养数十种爱好和特长，家长还经常不在家。我常常思考谁更幸福，是'穷人'还是'富人'。所以在我工作的那一年中，我告诉自己一定要写出这些东西，写出这种差异，出版这本书！"

👤 一位美国同行

🕐 2012 年 9 月

亲爱的文德：

我是来自美国的×××。目前，我正在芬兰筹备一个关于贵国特殊教育体系的研究项目。我的研究指出芬兰的教育体系是世界上最好的教育体系，如果我能对其了解更多，我将非常激动、倍感荣幸。

为了能够申请到×××奖学金（对我将是非常重要的机会），我需要在芬兰加入一所大学。请问您或者您的同事是否可以担任我的合作教授？您可以根据您对项目的兴趣以及项目对您的可用性来决定为此投入的时间和精力，或多或少。

如果您愿意并且能够和我一起进行研究，敬请告知。我非常乐意向您提供更多项目信息，或者我们可以电话交谈以进一步讨论研究的计划。

感谢您百忙之中查看我的邮件，期待您的回信。

此致

敬礼！

×××

第三章　奇迹还是谎言？芬兰教育的评价

在芬兰，除了升大学的考试外，没有标准化的强制测试。学生、学校和地区之间也不存在排名或比较。

——吕内尔·汉考克（Lynell Hancock），《荣誉榜上的芬兰》
（*La Finlande au tableau d'honneur*），《读者文摘精选》
（*Reader's Digest*），2012 年 9 月

一位退休的外语老师邀请我到她家做客，她住在乡下，距离赫尔辛基有 2 小时的路程。这是一座建于 19 世纪末的老屋，以前是一所小学，80 年代时被改造成芬兰一位著名雕刻家的工作室。女主人带我转了一圈，在靠近教师办公室的房间里，她问我："您觉得这间房是留给谁的？""是给随时可能出现的赫尔辛基国家督学准备的。"她补充道："那个时候大家非常害怕督学，但也很尊重他们。"

如果要问芬兰是否会对教师进行考核，不管在什

么情况下都会得到相同的答案："不会，我们不考核教师。在芬兰，大家都很信任教师。"萧福元（Fuyuan Hsiao，2007）如是转述芬兰教育委员会顾问雷约·劳卡宁（Reijo Laukkanen）对此问题的回答，他恼怒地说道："为什么要考核老师？"他还继续补充说，芬兰没有不合格的老师，老师们都非常"守纪律"、听话，因此值得被信任。另外，我们谈到芬兰教师优秀，常常要强调："芬兰文化将教书育人视为一个崇高、自主、有声望的职业，可与医生、律师或建筑师比肩。"萨尔伯格甚至断言："教师的绩效或教师不作为的后果，在芬兰并不算一个严肃的话题。"

一小段历史

首先要声明的是，今天芬兰的国家或地方机构都已不再对学校进行督导了。正如上文中提到的，一个多世纪前，督学来学校督导是很平常的事情。最初，设立这种国家性督导（1885）的目的是确保"良好公民"受到良好的教育，并且还要审计学校的财务状况（Lyytinen & Anttila，2005）。第一批督学均由男性担任，从1923年起，女性也获准担任"督学"一职。1970

年 1 月，由地方（省政府）管理的双重"督导"制度正式出台（Lyytinen & Luukarinen，2010）。

所以芬兰在过去是有教育督导的，这些督学实际上由教师兼任，他们要放下自己的部分教学工作，跑遍所辖区域的所有小学和中学来观察教师和学生的表现。教育委员会第 3056（15.6.1979）和第 3084（6.8.1979）号条例曾规定了督学负责的主要内容：

1. 指导学校、继续教育机构和市图书馆的工作；

2. 检查这些机构的活动情况以及财务的合法性；

3. 为解决教育工作中潜在的问题，收集、评估、传播相关信息并提出创新有效的解决方案。

按规定，这种针对各个学校的"督查"每五年开展一次，但事实上有 10%—30% 的学校每年都会被督查。

我曾经采访过一位前辈——皮尔科·哈特曼（Pirkko Hartman），她是一位已经退休的法语、英语教师，1980—1989 年间，她曾兼任海门（Hame）地区❶ 的督学，那段时期她是海门地区所有语言学科❷ 的

---

❶ 芬兰南部地区，包括 16 座城市，人口约为 17 万（请参阅http://www. hameenliitto. fi/en）。

❷ 在芬兰，语言老师至少要教授两门语言。

唯一督学。当我问到她的职责时，她说："我们的职责并不是要惩罚教师，而是帮助他们工作。"她还补充道："我觉得老师们并不会害怕我们[1]。"她对教学法、教学、学习以及课堂组织都非常感兴趣。哈特曼告诉我，当时的督学都是由地方教育局以教师能力为标准选拔出来的，一般来说，能担任督学的教师都是非常优秀的，可以给其他老师传授经验。在督导工作结束后，督学常常会与老师进行讨论，给出一些建设性的建议，比如多做些口语练习或者换一种语法引入的方式等。他们还会写一份督导报告，这份报告不只涉及教师的教学工作，也会涉及学生的学习。

但是，哈特曼也明确指出教育督导的实际情况可能会因人而异，不同督学的工作方法可能不同。

过去除了督学之外，地方政府还会聘请一些教研员（芬兰语：läänin kouluttaja），他们的使命就是帮助和"启发"教师。通常，教研员还会在当地学校任职，在学区内的各个学校开展教师培训。

1991 年，教育委员会认为这种双重制度收效甚微

---

[1] 不过，她记得在一次督查中，一位被老师提问的学生喊道："老师，您之前说过您什么都不会问我的！"

且成本过高（Lyytinen & Anttila，2005），于是将其废除，此后再未设立新的制度。当时芬兰是因为严重的经济危机才不得不削减了许多预算，然而今天人们却将督导和教研员制度的废除归因为芬兰高质量的专业师资……

许多研究者和观察员都强调大学"卓越"师资培养的重要性，这种培养保证了师资质量（Niemi et al.，2012）。实习教师在一年中要听很多课，进行自评、互评，还要与其他实习教师开展研讨。实习教师讲课时，学校的老师、实践导师、大学系里的讲师和教授，还有同时参加实习的同事都会来听课（Sahlberg，2011b）。例如，在图尔库教师实习学校（附属于图尔库大学），外语实习老师们会系统地使用年度工作簿进行自评或小组评价。这本工作簿不仅要记录课堂教学实例（教案、不同教学法的使用、自主学习环节等），还含有书面作业，包括如何定义"好老师"、多元文化教育或外语授课等内容。这些记录将按照主动性、创新性、合作性及参与积极性被评估。

因此我们也就不会惊异于麦克尔威（McElwee）所提到的教师独立性和自由性源于何处了：比如，语言教师可以自己选择教材、教学法，可以决定讲授教材的哪些内容……。总之，教师对自己的教学全权负责。最后麦克尔威断言，芬兰教师对于其他一些国家开展的重复性的全国考试、测试的价值持怀疑态度，"如果像英国或美国那样设置标准化考试让教师感受到外部压力，施行高标准的绩效责任制，芬兰教师们会另谋他职"。

没有任何考核？

没有教育督导制度，高素质的教师队伍让许多访问芬兰的"教育游客"为之震惊。芬兰的教授、学者和教育工作者经常被问及考核评价的事情。萨尔伯格（Sahlberg，2011b）就这个问题做了如下解释：

芬兰没有正式的教师考核。教师可以从校长和学校的同事那里得到反馈……。一位好老师是可以帮助所有孩子实现全面进步、全面发展的人。

在芬兰，是地方政府——而非中央政府——通过某种形式的考核评价来保证教学的质量，……但没有人会去命名这种考核。它不通过督学，也没有明确的或人尽皆知的标准。萨尔伯格补充说，"质量保障"并非是政府的首要任务：

> 无论是教育部还是地方政府都没有建立学校评价体系。相反，不管多小的学校，教育部和地方政府都会给予学校最大的信任，赋予学校绝对的自治权。

正如我们看到的，"信任"和"自治"是两个经常被用来阐释"芬兰奇迹"的关键词。但是在这些话语中似乎总有一些灰色地带。2011年，时任芬兰教育和文化部部长的汉娜·维尔库宁（Henna Virkkunen）在接受《赫金杰报告》（*Hechinger Report*）采访时，再次抓住了"信任"这一准则。

《赫金杰报告》："芬兰是如何评价教师的？教师们如何对学生的学习负责？"

维尔库宁："我们的社会是建立在信任和合作的基础上的，所以我们组织一些考试或测验的目的并不是用它来控制（教师），而是要促进教师的发展。我们相信教师。"

学生的学业表现，比如考试成绩也不会用于评价考核教师。

2012 年，在芬兰教育和文化部的一次圆桌会议上，一名新加坡（另一知名教育体系）代表和萨尔伯格进行了发言。萨尔伯格说道，不可否认芬兰仍然存在一种对教师进行制度化考核的方式：教师需要与校长进行年度个人面谈（芬兰语：kehityskeskustelu）。这种面谈并非学校体系专有，因为芬兰各个行业的员工每年都会接受面谈。

斯图尔特（Stewart，主持人）："那么在芬兰，人们如何看待教师考核评价这件事呢？"

萨尔伯格："芬兰大部分的教师考核评价都是在学校层面上由校长和学校老师完成的。所以国内真的很少讨论正式的教师考核评价问题。考核体系被下放到了学校层面，是每位校长十分重要的工作内容之一。"

因此，校长是学校的核心角色。教师和校长之间的年度面谈会就教师和管理者在上一年制定的目标展开建设性、生成性的讨论，同时再提出新的目标，还会探讨下一年的需求（UNESCO，2007）。但萨尔伯格在谈到教师自评时并没有讲得很清楚。毫无疑问，某些老师会进行自评或者小组评价，但没有任何官方文件对此做出规定。

萨尔伯格[1]认为由校长组织的考核极具灵活性：

斯图尔特："但如何考核是由校长决定的吗？考核没有一个标准的模板吗？"

萨尔伯格："没有，我们没有教师行为或教师考核的统一标准，所以教师考核的形式由每位校长决定。在我看来，最接近标准的方法就是校长和员工的定期发展性面谈，在谈话中了解教师的工作情况、可能进一步发展的领域以及他们认为困难的方面等，但校长们也可以采取不同的方法。这当然包括听课[2]，所以我们期待校长可以下到课堂去观察，从而可以真正地与教师讨论他们的工作。但同其他国家不同的是，芬兰不存在某种标准化的评价模式。"

虽说没有任何通过督导建立的评价体系或"终结

---

[1] 萨尔伯格与比尔·盖茨（Bill Gates）见面时，萨尔伯格向比尔·盖茨提出芬兰学校的校长与企业老板角色相同（YleX, 12. 2012）。
[2] 根据我的观察以及与其他老师们的讨论，这点有待商榷。

性"评价，但 2012 年初高中教师的个人薪酬却出现了差异，绩效"优异"的教师可以拿到更多的奖金。奖金的评判标准不透明，似乎没有人知道谁会拿到奖金以及为何可以拿奖金。在最近一次访问位于芬兰中部塞伊奈约基市（Seinäjoki）的一所高中时，我询问几位老师是否可以向我解释一下这个奖金制度。一位女老师列举了上一年他们学校拿到额外奖金的老师名字，而另一名老师听到后却非常惊讶，他表示对这个制度闻所未闻。该校去年颁发的奖金标准是：参与欧洲项目或者是在学校的国际项目中用英文授课的老师。在芬兰，一般情况下这些额外奖金的分配都由校长自主决定（Sahlberg，2011b）。老师们对这样一种制度的感受我们一无所知。

媒体和公众舆论的"评价"？

近年来，每年 5 月和 11 月晚报❶都会较为完整地刊登全国优秀学校的排名。下文的表格是 2011 年芬兰优秀高中的排名。大家能注意到分数高的学校主要集

---

❶ 小型报纸，如《晚报》（Iltalehti）和《晚间新闻报》（Iltasanomat）。

中在南方，只有一个例外：在芬兰北部奥卢附近的市镇——锡卡拉特瓦（第9名）有一些表现优秀的学生。排名主要依据所有学生高中会考评价以及每个学生毕业成绩的平均值。

芬兰优秀高中排名❶

1	Ressun lukio	赫尔辛基	23.27
2	Etelä-Tapiolan lukio	艾斯堡	23.23
3	Helsingin Suomalainen Yhteiskoulu	赫尔辛基	22.62
4	Luostarivuoren lukio	图尔库	22.08
5	Helsingin normaalilyseo	赫尔辛基	21.84
6	Lahden yhteiskoulun lukio	拉赫蒂	21.82
7	Kulosaaren yhteiskoulu	赫尔辛基	21.15
8	Katedralskolan i Åbo	图尔库	21.06
9	Siikalatvan lukio	锡卡拉特瓦	20.87
10	Gymnasiet Lärkan	赫尔辛基	20.77

在我看来，这是一种新式的间接评价方式，这种方式给老师带来了压力，同时也带来了误会：某个地区的外语老师因为得分低被贴上了"平庸老师"的标签，

❶ 数据来源于《晚间新闻报》（*Iltasanomat*），2012 年 6 月。

但他自己认为其实是对学生要求比较高。这些排名的公布改变了关于教师"质量"的言论，芬兰社会给予教师的信任也因此受到质疑……

媒体评价会改变芬兰社会对教师的看法吗？

因此，芬兰的考核并非像我们所希望呈现的那样透明。个人考核、令人生畏的督学，以及对于学校的督导的确已经取消了。芬兰社会理论上似乎也没有被考核评价所束缚，小学阶段我们谈学生、谈教师、谈学校都很少会说到考核评价这个词。

但我们看到了其他形式的考核评价。首先是校长的考核评价，虽然这种评价常被看作生成性的而非总结性的，但是考核评价的结果是有些老师可以因此拿到额外的奖金。这种考核评价并没有制度化，没有形成文本，执行过程极度缺乏透明，评价产生的奖金分配也没有明晰的标准。在一定程度上，这或许会让芬兰社会的"透明"和"公平"——国内外经常用来形容芬兰社会的词语——受到质疑。

另外还有来自媒体的"评价"，这会不可避免地转换成民众舆论的"评价"，"教育迷失"的可能性不言而喻。

文德与马里特·科尔霍宁的谈话

文德:"您如何解释芬兰在 PISA 中获得的成功?"

马里特·科尔霍宁:"在我看来,这显然是一个关于平均水平的问题。我们所有的学生都会达到这个最低标准,对我来说,最低标准就是满分 10 分取得 8 分。我会一直教到每个学生都得到这个分数。但是那些最有天赋的学生却没有任何学习动力,事实上我们甚至不太关注他们。"

文德:"那些有天赋的学生都在做什么?"

马里特·科尔霍宁:"什么都不做,一直都是这样。他们坐在那儿等着,或者老师会给他们布置额外的作业,再或者他们会去帮助其他的同学。教材也不会扩展很多。我们应该为他们成立特别的班级甚至是学校。但是在这个国家,这是禁忌……"

第四章　PISA——神话的原动力？

学生为未来的挑战做好准备了吗？他们能有效地进行分析、推理和交流吗？他们是否具备终身学习的能力？

——PISA官方网站

归根结底，我们这里只是用了 PISA 的研究数据，PISA 只是全局中重要而微小的一部分。

——帕思·萨尔伯格，美国斯坦福教育机会政策中心，

2012 年 3 月

TIMSS（国际数学和科学成就趋势研究）、PIRLS（国际阅读素养进展研究项目）和 PISA 都是基于样本的标准化评估。这些评估与个人或学校没有什么联系，与政治家却有着极大的利害关系。

——芬兰在TIMSS和PIRLS中取得的成绩令人失望，

2012 年 12 月，帕思·萨尔伯格就此在网络发表观点

PISA 测试始于 2000 年，每三年开展一次，面向 60 多个国家具有"代表性"的 15 岁学生进行抽样测试。世界各地媒体和政府都热切期待测试的结果（特别是期待"排行"的出台而不一定是等待数据进行分析），PISA 测试结果的重要性堪比各类国际大学排行榜。2009 年来自全球的 50 万名学生参与了 PISA 测试，"代表"了 65 个国家或地区（其中有 34 个 OECD 成员组织）总共 2800 万的学生（Reinikainen，2011）[4]。芬兰共有 2800 所"综合性学校"，524 200 名学生（Johansson，2011），在 2009 年的测试中，有来自其中 203 所学校的 6415 名学生参加。该项测试由国际组织策划，内容基于日常生活必备的知识与技能，参与者均为完成基础教育的学生。测试时长为 2 小时，科目包括阅读素养、数学素养和科学素养。每三年会对其中的一门科目进行深入评估。官方看来，PISA 所测试的不是书本上的知识，而是如何将知识运用到日常生活中的能力。测试旨在改善参与国的教育政策（但不仅限于此，我们看到了如今 PISA 在全球范围的影响力）。PISA 也鼓励不同的国家采取措施改善测试结果。在舍贝里（Sjøberg，2007）看来，PISA 的逻辑仍以心智测试为主，而非教育。

在 2000 年的测试中，芬兰凭借其优异的表现脱颖

2009 年 PISA 表现高于经合组织平均水平的国家（地区）表现对比

	阅读素养综合分数	阅读理解单项小分					数学素养	科学素养
		定位与信息提取	归纳与解释	思考与评估	连续文本	节选文本		
经合组织平均分	493	495	493	494	494	493	496	501
上海（中国）	556	549	558	557	564	539	600	575
韩国	539	542	541	542	538	542	546	538
芬兰	536	532	538	536	535	535	541	554
香港（中国）	533	530	530	540	538	522	555	549
新加坡	526	526	525	529	522	539	562	542
加拿大	524	517	522	535	524	527	527	529
新西兰	521	521	517	531	518	532	519	532
日本	520	530	520	521	520	518	529	539
澳大利亚	515	513	513	523	513	524	514	527

而出。那一年芬兰在大部分测试科目中都获得了第一名。2009年，芬兰仍然名列前茅，但却败在了中国上海和韩国面前。上表列出了2009年PISA测试排名前九的国家或地区。

长期以来，芬兰都在大打PISA这张牌来推销它的教育，而对于PISA测试本身不做任何批判。比如，在由涅米、图姆（Toom）和卡利奥聂米（Kallioniemi）合著的《教育的奇迹：芬兰学校教与学的原则与实践》（*Miracle of Education: The principles and practices of teaching and learning in Finnish Schools*，2012）一书中，作者似乎丝毫未质疑PISA的数据采集和分析方法。雷尼凯宁在他的一篇关于芬兰在PISA中完美表现的文章中（本书的开篇即节选自该文），也没有提出任何批判性的观点。作者只是委婉地对测试结果做了一点点分析，比如男女生之间的差异、瑞典语母语学生与芬兰语母语学生之间的差异，但都没有过多涉及这方面的内容。

然而，一些科学的文献已在概念和方法论层面开始质疑PISA，比如邦尼特（Bonnet，2002）、博塔尼和维尔涅德（Bottani & Virgnaud，2005）、格雷赛伊等人（Grisay et al.，2007）、佩雷拉等人（Pereyra et al.，2011）、伍德克（Wuttke，2006）、卡拉利和詹肯斯（Kalali & Jenkins，2012）。2007 年出版的《以 PISA 的标准来看 PISA》（*PISA zufolge PISA – PISA According to PISA*）一书也对 PISA 提出了不同的看法。该书由斯特凡·托马斯·霍普曼（Stefan Thomas Hopmann）、格特鲁德·布日内克（Gertrude Brinek）、马丁·莱特勒（Martin Retzl）编辑，书中收录了来自不同国家的作者所撰写的 14 个章节❶。

　　下面列举这些文章的一些主要观点：安托万·博丹（Antoine Bodin，法国弗朗什－孔泰大学）指出 PISA 呈现的关于知识暗含的概念有偏见；沃尔弗拉姆·迈尔霍夫尔（Wolfram Meyerhöfer，德国波茨坦大学）和延斯·多林（Jens Dolin，南丹麦大学）谈到 PISA 测试的内容与当下实际教学中的关注点缺乏联系；马库斯·普赫哈默（Markus Puchhammer，奥地利维也纳技术大学）则关注 PISA 测试科目的多语言翻译及由此可能造成的非可比性问题；贝尔纳黛特·霍曼（Bernadette Hörmann，奥地利维也纳大学）指出在奥地利的案例分析中有特殊需求学生被边缘化的问题。而乌尔仁斯

---

❶ 该书在线版本地址如下：http://www.univie.ac.at/pisaaccordingtopisa/pisazufolgepisa.pdf。

（Uljens，芬兰奥博学术大学）在他的文章中解释，芬兰在 PISA 中的优异表现或许与芬兰在国内推崇 PISA 的教育理念有关，这一点不同于欧洲其他国家。

下面我再列举一些该书对 PISA 的某些批评，这些批评主要出自斯韦恩·舍贝里的文章——《PISA 和"现实生活挑战"：不可能的任务？》（*PISA and "real life challenges": mission impossible?*）。文中他特别暗示了由于学生们认真地参加考试，所以展现出自己最好的一面。作者解释道（2007）[220-221]：

当然，可靠的数据要假设答题者答题时展现了自己最好的一面。PISA 的结果要证明其有效性，就要确认学生们是积极且乐意配合的，他们要愿意专注于测试，愿意拿出自己最好的表现。

当然，并不是所有参加 PISA 的国家或地区都能一直做到这一点。舍贝里引用了《泰晤士报教育副刊》（*Times Educational Supplement*）的一位英国记者在中国台湾观察到的情况：为了在测试中取得成功，某些学校的校长会想尽各种方法向学生们施压，从而激发他们的使命感。舍贝里解释说在他的国家——挪威，校长永远不会为了这种类型的测试给学生施以如此的压力，在芬兰也肯定不会。

舍贝里还讨论了 PISA 的价值取向和公设，指出如同所有的测试一样，PISA 并不是中立的，它的某些价值取向没有那么清晰。另外，给学生的考试也没有考虑到他们的背景情况（比如拿阿塞拜疆对比芬兰），并且考试存在普遍主义。他还谈到负责 PISA 的组织也不是中立的，实际上"OECD 建立在新自由主义的政治和经济思想基础之上，因此要从这个角度来理解它"。舍贝里指出 PISA 丝毫不关注育人、社会团结或社会公正，而只是对达到 OECD 设定的经济目标所需要的能力进行考查并借此推动这些能力的发展。另外，舍贝里还强调，当谈论 PISA 时，人们仅从测试仅有的三门"科目"出发概括并判断各国的教育体系。

此外，舍贝里还强调了 PISA 测试缺乏透明性和有神秘的一面。实际上，用来测试的题目很少向公众公开，地方当局或老师与筹备 PISA 测试的人员也不会相互交流，而官方给出的理由是这些题目可能会出现在下一次测试中❶。

---

❶ 测试样题请见：http://www.oecd.org/dataoecd/13/34/38709396.pdf。

所有的这一切引出了一系列重要的问题，比如：PISA 以"现实生活的挑战"为特点，但是应对"现实生活的挑战"的能力可以通过笔试进行评估吗？参与测试的 65 个国家或地区所面对的"现实生活的挑战"都相同吗？不需要考虑实际情况吗？我们看到包括阿根廷、澳大利亚、阿塞拜疆、比利时、巴西、智利、哥伦比亚等国家都参加了测试。教育在很大程度上依旧是国家性或地方性的，那么如何能用统一的标准来测试全球呢？测试内容由谁决定？测试是为了谁？

《世界上最好的学校》（*The best school in the world*，2011）一书以七所芬兰学校为案例来推广芬兰的教育框架，此书的前言由芬兰建筑博物馆馆长尤利娅·卡斯特（Juulia Kauste）所写，但是她完全搞错了（同时也欺骗了读者），她写道：

在 OECD 的 PISA 测试中，芬兰学生的平均成绩非常高，得到了全世界的高度评价。近年来，芬兰的学龄儿童在各方面的素养——从数学到阅读能力，再到科学——都表现优异。

实际上，如果 PISA 测试的并不是学校教育的内容，那为什么要称赞教育体系呢？PISA 间接测试了其他要素对学习的影响，例如家庭、朋友、非正式教育（比如媒体），关注测试者日常生活中对知识的运用。但是当我们在谈论其结果时，却只看到了"学校"这个变量。

不仅如此，斯特凡·托马斯·霍普曼和格特鲁德·布日内克在他们作品的导论中也呼吁不要相信以测试结果为基础的 PISA "衍生品"，特别是所谓的"优秀"教育体系或者是"好的"教育。他们写道："这些往往都是投机性的，至少应该需要通过额外的研究来获得更开阔的构想，包括 PISA 设计上所不能够涵盖或者有所偏差的那些方面。"（2007）[13] 其中作者甚至还谈到了决策者们对"测试结果的滥用"。

最后，我们要说的是，PISA 只是在研究 15 岁的教育，对于高中、高等教育或成人教育只字未提。但是，很少有"教育访客"，甚至很少有芬兰的"专家"会指出芬兰在上述领域的碌碌无为。因此，仅以 PISA 来判定芬兰教育会引起重大的方法论和道德问题。

尊敬的文德：

　　万分感谢您的回复。

　　（……）

　　我不知道×××是否已告诉您以下所有细节：

　　我正在做关于芬兰年轻教师和师范教育的报道。芬兰在 PISA 方面表现得非常出色，因为芬兰有欧洲最优秀的师资！周一早晨我将到×××学校（赫尔辛基的某所学校）录制两位年轻教师的课程并对其进行采访。但是我真的非常想与师范生以及教育系的教授见面并进行访问。因此，我询问了×××是否有课以及我是否可以旁听并录制。请问在这两天您有课吗（或者您可以帮我联系一些您的学生吗）？以及（或者）您是否有可能接受我的采访？

　　期待您的回信。

　　此致

敬礼！

　　　　　　　　　　　×××

尊敬的 ×××：

（……）

期待与您见面！

我的课有一些特殊，授课语言为英语，内容是从批判的角度看多元文化教育。您希望我问问学生们他们是否愿意接受采访吗？

此致
敬礼！

文德

这位就职于欧洲某大型电视台的记者于2010年10月的一个清晨到达赫尔辛基，随行的还有一位摄像师。在进入阶梯教室前，我询问她最近待在芬兰感受如何，以及对赫尔辛基学校的访问情况。她非常兴奋地说道："你们确实是最好的，这里一切都很完美！"我向她解释我只找来了三名学生接受采访：一名德国男生、一名法国男生以及一名芬兰女生。她看起来有些为难，对我说她只想采访芬兰学生。我回答说这是一节英语授课的课程（邮件中我已提过），并且从道德上讲，如果她只采访芬兰学生，我会感觉非常尴尬。随后，我开始上课，录像也随之开始。课间是单独录制的时间。我最先接受采访，首先她问我："您是芬兰人吗？"我告诉她我是芬兰人，但是是一名移民。显然她对于我的回答有些失望。她又询问我的受教育经历："您是在芬兰接受的教师培训吗？"我告诉她不是。双重失望。她承认她本来是想采访一位"真正来自芬兰的教授"，但是她已经没有时间了。她向我提议在录制中不要提我的"出身"。之后是提问环节："为什么芬兰的老师是全世界最好的老师？""您怎样解释芬兰学生的成功？""为什么学校里没有考核？"……她每问一个问题，我都会向她再抛出问题："您是怎样定义世界上最好的老师的？""您是指芬兰的哪些学生？""您怎么知道芬兰没有考核呢？（这是错的）"。面对我的问题，这位记者显得局促不安。

我不知道之后她是如何采访我的学生的。当我收到影像的时候，我明白了她采取的策略：首先，这节有许多外国学生且用英语讲授的课大部分都被消了音，由电视台进行配音。其次，轮到我说话的时候，我的内容被断章取义了："在芬兰，想要当老师需要硕士学位。"其实我在随后又补充说到现在大部分欧洲国家都是如此，但这些内容却没有出现在影像中。当时我也对"硕士学位＝好老师"这一等式表示了质疑，但是也被剪掉了。至于学生们，在这部纪录片中只出现了三名学生：一名芬兰女生、一名芬兰男生和一名外国男生，但在片中这名外国学生并没有发言。两名芬兰学生的发言是为了证实教师是世界上最好的职业……

这就是某些外国媒体呈现芬兰教育的方式。这位女记者想要"全世界最好的老师"，她找到了这些老师，她导演了这些老师。

第五章 芬兰的任务：向世界兜售教育？

对芬兰人来说这真是一个全新的局面。10年前，也就是2002年以前，我们很少被邀请去哪里，但是现在，如果有人想听芬兰的故事，那我们……，你知道我会去的。……因为我也明白这种情况不会永远持续下去，某一天，我们会被他人所取代，然后所有的一切都会变成美好的回忆。

——帕思·萨尔伯格，斯坦福教育机会政策中心，

2012年3月

在过去的30年间，教育政策变成了"大量专款投入的多边政府责任，以及对教育成就专业化、国际化的研究"（Wiseman & Baker, 2005）[2]。这种现象随着各类组织国际研究的增多而愈演愈烈，比如国际教育成就评价协会（IEA）、OECD。他们的研究指出了世界范围内教育政策的差异，同时也开辟了一个"教

育国际竞争的时代"。因此，每种被认为优质的教育体系都会迅速成为一种出口的商品（Steiner-Khamsi，2004）[201]。

教育产品的买卖是名副其实的金矿。澳大利亚的年收入从 50 亿美元（2000—2001 年）增长到 191 亿美元（2009—2010 年）——其中教育成为出口最多的服务（Australian Government，2010）。同样，美国商务部在 2009—2010 年通过出口教育获利超过 200 亿美元（Sanchéz，2011）。但是，全世界出口教育的翘楚当属英国，2008—2009 年获利 341 亿英镑（British Government，2011）[9]。

自芬兰在 PISA 中取得了引人注目的成功以来，决策者们便在芬兰教育出口方面投入巨资（Ministry of Education and Culture，2010），打算"出售"师资培训者、教师、芬兰的教育考察项目，甚至是在其他国家建立芬兰学校❶。

1917 年芬兰独立以来，特别是在第二次世界大战结束后，芬兰试图建立典型的国家福利教育体系，

---

❶ 沙特阿拉伯的芬兰学校，案例请读者参阅：
http://www.saudigazette.com.sa/index.cfm?method=home.regcon&contentID=20111123112616。

其方针就是团结一致、普及基础教育以及保持各地区之间的平衡。许多作家都指出，一直到 60 年代，芬兰的教育还不是特别突出："当时，芬兰教育与马来西亚或秘鲁在同一水平上，落后于北欧邻国——丹麦、挪威和瑞典。"（Sahlberg，2011）[71] 但从 80 年代末起，芬兰的教育政策转向了新自由主义，教育和市场的联系日益加深（Uljens，2007），效率、生产力、竞争力、国际化以及放松对民生项目（医保、社保等）的管制成为决策的中心。用来解释芬兰奇迹的一个论据——决策权下放——与 90 年代严重的经济危机以及新自由主义有关，国家缺少资金，希望地方政府能够独立解决学校的财政问题。这场无声的革命为这个北欧国家的新教育思想和政策做出了贡献（Uljens，2007）。

售卖芬兰教育体系及教育参与者的想法起初源于芬兰积极实行的"国家品牌"计划。实际上从 2008 年起就已经存在对芬兰教育的营销。时任芬兰外交部部长的亚历山大·斯图布（Alexander Stubb）就通过成立智囊委员会将"芬兰品牌的力量"官方化，"为芬兰制定一项战略，以应对与芬兰形象相关的外部和内部挑战（*Mission For Finland*，2010）[11]"。智囊团的目标是探究芬兰如何通过三个关键词——功用性（设计）、自然和教育——来解决"世界上最棘手的问题"（the world's most wicked problems）。从他们的报告《芬兰任务》（*Mission for Finland*，2010）的第三页开始，芬兰教育就被列为其中重要的一方面：

当今世界似乎存在许多无法克服的困难。我们正面临着全球性的挑战，必须要找到一种可持续的生活方式，找到消除贫困的途径，提出可持续发展的解决方案。

（……）

芬兰完全有责任证明我们能够解决这些问题。芬兰以产品、服务以及功能性社会的形式提供给世界功能性、可持续性的解决方案。芬兰为世界创造国际谈判的机会，使世界变得更宜居；芬兰为世界提供清洁的水资源、食物以及相关的专业技术；芬兰为世界提供更好的教育和师资。

芬兰"国家品牌"的智囊团起初由 23 位芬兰公民组成，分别代表了商界、学界、设计界、艺术界以及普通百姓（其中有一位助产士）。

2008 年以来，"教育出口"（芬兰语：koulutusvienti）

这一说法在教育学术圈传播开来❶，售卖芬兰教育的项目也在增多。现在，各种各样的机构都在"出口"培训、师资、师资培训者甚至是学校。买家纷至沓来，但似乎最大的客户是沙特阿拉伯、中国和阿联酋。对于实行了3年"自治"（意味着大学要或多或少地自主解决需求，来自中央政府的支持将越来越少）的芬兰大学来说，出口芬兰教育是福音，是不容忽视的金库。我所工作的教育系就经常接待国外同行，向他们介绍、售卖"芬兰奇迹"。而且访问也并不是免费的，比如访客如果希望拜访教育委员会，可以通过邮件与教育委员会的代表联系，20个人的代表团访问两个小时需要支付1000欧元。

"国家品牌"这一概念出现的时间非常短，20世纪90年代由国际市场营销专家提出，目的是打造"能够提高竞争力的国家形象"（Anholt，2009）。其基本理念为：在全球化的世界中，各国必须要相互竞争（Moilanen & Rainisto，2009）[3]。

在芬兰，这一概念与教育出口联系在一起。所以

---

❶ 例如"未来学习"项目（*Future Learning*）由三部委（教育和文化部、就业与经济部、外交部）联合发起：http://www.futurelearningfinland.fi/。

要对芬兰教育进行界定、创造并将其市场化，也就是要搞清楚芬兰教育的优势是什么以及怎样才能赋予它可购买性。

18 世纪随着现代性的兴起（Maffesoli，2012），民族国家的概念发生了改变：它从一种可以团结公民的心理、政治现象，转变为一种全球战略，转向寻求推广代表国家身份的某种形象（Aronczyk，2008）[42]。事实上，"现代主义国家可能是一个永远处于建设中的品牌"（Comaroff & Comaroff，2009）[125]。因此，奥林斯（Olins，2000）提出了"国家品牌"这一表述来指代这种"复杂且多面"的现象。如今"国家品牌"这一概念已被许多国家采纳。

最早有关这一主题的著作由 P. 科特勒（P. Kotler）、D. H. 海德（D.H. Heider）和 I. 莱茵（I. Rein）在 1993 年出版，书名为《地点营销：为城市、州、国家吸引投资、工业和旅游》（*Marketing Places: Attracting Investment, Industry and Tourism to Cities, States and Nations*）。之后，身为独立政治顾问的 S. 安霍尔特（S. Anholt）又加强巩固了这一概念（Dinnie，2008）[xv]。此外，安霍尔特曾为许多政府制定"国家品牌"战略。不仅如此，他甚

　　　　　　　破解神话——还原真实的芬兰教育

至还开创了自己的"国家品牌"年度评估指数❶。

安霍尔特对芬兰"国家品牌"的影响巨大。芬兰"国家品牌"计划于 2011 至 2013 年间实行，总预算约为 500 万欧元，其中部分来源于欧盟（BDF，2010）9。另外两位品牌方面的专家——莫莱恩和莱尼斯托（Moilanen & Rainisto）——与安霍尔特一起被纳入了芬兰品牌团队。莫莱恩和莱尼斯托的作品《如何将国家、城市及其他目标地点品牌化：地区品牌化计划书》（*How to brand nations, cities and destinations: A planning book for place branding*, 2009）对全世界的"国家品牌"构建都产生了深远的影响。在两位作者看来，建立"国家品牌"需要在 5 至 20 年间投资至少 1500 万欧元（Moilanen & Rainisto，2009）[164]。对于芬兰来说，这意味着在 2030 年前至少要投入 3.05 亿欧元。与澳大利亚和德国相比，这一数字微不足道：澳大利亚在 2003 至 2006 年间投资了 2.05 亿欧元，德国仅 2005 年一年就投资了 152 亿欧元（Moilanen & Rainisto，2009）[162]。牛津经济研究院（Oxford Economics

---

❶ 读者可参阅：http://www.simonanholt.com/Research/research. introduction.aspx。

Institute）的研究表明：国家品牌每欧元的投资回报比为 1/75（Moilanen & Rainisto，2009）[163]。

负责 2030 年芬兰国家品牌计划报告的团队还确定了一些其他目标：

1. 提高他国对芬兰劳动成果的认可，即促进芬兰产品和服务的出口；

2. 推动外资引进；

3. 促进芬兰入境游；

4. 提高芬兰国际地位；

5. 加强国际专业人才引进；

6. 提高芬兰的民族自尊心（Mission，2011）[23]。

总体来说，"国家品牌"的概念与人类学家约翰·L.科马罗夫和简·科马罗夫提出的种族企业主义（ethno-preneurialisme）概念非常接近："将文化主体投入市场和法律领域，将文化抽象加入（自然地享有版权）智慧所有权，将差异的政治立场与法律学领域混在一起……"（Comaroff & Comaroff，2009）[59] 两位科马罗夫甚至谈到了民族股份有限公司（Nationality Inc.）或将国家视作公司（Country-as-company）的概念。这些现象存在很严重的问题，因为它们认为民族国家的概念对所有公民来说都是静止、稳固、普遍的要素，与后现代研究者所描述的现实完全相悖（Gillespie et al., 2012）[394]。

阿玛蒂亚·森（Amartya Sen，2006）[34-35]认为"我们的推理会受到各种影响，我们不能仅仅因为认同某一特定群体成员的意见就受其影响，从而失去了考虑其他推理方式的能力"。人类学家 N. P. 彼得斯（N. P. Pieterse，2004）[33]——"全球融合"的专家——认为"国家的身份是混合的，是在同一政治类目下按自身传统合并起来的民族的结合，例如凯尔特人、法兰克人，还有一些其他民族合为'法国'"。

因此，国家品牌为了将国家空间转变为产品而弱化了国家的复杂性，就像文化主义者拉普兰提所说的那样，"它割裂并反对那种旨在发现让人深信不疑的联系的阐释。它中断了运动的流。通过区分并强化这些很快就变成了陈词滥调的对比，它在各个大陆之间建立了一堵难以逾越的墙，把'文化'笼罩在永恒的对立中"（Laplantine，2012）[43]。通过直接或间接的方式，融入了教育的国家品牌通过假设的意识形态，在不同的国家或文化之间建立了往往是不合理的等级制度（Phillips，2010），这些假设的意识形态常常被伪装成"俨然中立的描述"（Holliday，2010）。前面的章节正试图描述这些关于芬兰教育的假想。

芬兰教育出口的参与者

许多人曾经或正在为推销芬兰教育积极地做贡献，我们在前文中已经提到了一部分。

首先，每周有成百上千的"朝圣者"到访位于赫尔辛基的教育学院、各大部委、师范学校和中小学。他们大多是大学研究人员、教师、大学生、实习生，但也有一些政客。比如，2011 年 8 月，法国的塞格琳·罗雅尔（Marie-Ségolène Royal）和时任教育和文化部部长吕克·夏岱尔（Luc Chatel）都曾到访赫尔辛基以见证芬兰教育"奇迹"。吕克·夏岱尔的访问受到了法国媒体的广泛关注。在《解放报》一篇题为《又是芬兰模式！》（*Et revoilà le modèle finlandais !*, 2011 年 9 月）的文章中，作者对夏岱尔的芬兰之行进行了一番讽刺挖苦："令人吃惊的是，吕克·夏岱尔忽略了其他的一切，又搬出芬兰模式攻读钻研，芬兰模式既可服务于他的政策，又可显示出他改革的优点，真是一场漂亮的战役。"因此，许多外国政治家到访芬兰其实是在利用芬兰教育体系进行自我宣传。

另外，芬兰教育的参与者还包括国内外的"官方"推销者。

我们前文中已经提到的保罗·罗伯特似乎就在法国扮演着这样的角色。罗伯特是克拉朗萨克市纳尔逊曼德拉初中（Nelson Mandela de Clarensac）的校长，在伟大的教育家菲利普·梅里厄（Philippe Mérieux）这样左翼人士的"指导下"出版了《芬兰教育：法国的榜样？》（ *La Finlande, un modèle éducatif pour la France ?* ，2008）一书。罗伯特不仅对法国的教育从业者产生了影响，也让部分政治家受其感染。有机会前往芬兰考察的法国教师们在自媒体上这样写道[1]：

> 我们拜读了保罗·罗伯特的作品《芬兰教育：法国的榜样？》，并且见到了作者本人。他给我们指明了要追寻的道路并提供了一些联系人……
>
> @suis_mon_regard 国际的师范教育。多亏保罗·罗伯特帮忙联系，2e2f 中介给我们安排了此项目 #2perdirinfinland。

---

[1] 读者可参阅 M. C. 马雷（M. C. Marret）——普罗旺斯的一位中学女副校长——的自媒体：http://storify.com/mcmarret。

我在推文中借用了保罗·罗伯特和×××的作品内容，对此表示衷心感谢。

网络上也充斥着罗伯特撰写的各类访谈、文章和资料，其中经常出现类似的标题：《芬兰教育：非凡成功的秘密，每个学生都很重要》《芬兰是教育最公正的国家》《芬兰教师培训：教育极度成功的关键》等。

在芬兰，"教育大师"有很多。其中最重要的一位便是帕思·萨尔伯格，他曾进行全球巡回活动以推广芬兰教育，撰写并在美国出版了《芬兰道路——世界可以从芬兰教育改革中学到什么？》一书。萨尔伯格作为芬兰教育和文化部下属的国际事务交流与合作中心的主任❶，2012年12月获得路易斯维尔大学2013格文美尔教育奖，这一奖项奖金为10万美元，为表彰全世界最有影响力的研究人员而设，荣获该奖的知名学者包括琳达·达林－哈蒙德（Linda Darling-Hammond，2012）、玛莎·努斯鲍姆（Martha Nussbaum，2002）和霍华德·加德纳（Howard Gardner，1990）。获奖者名单会在官方

---

❶ 法国某报刊一篇传阅度很高的文章称萨尔伯格为"前教育和文化部部长"，这种说法有误。

网站 [1] 上予以公布：

萨尔伯格因阐释了芬兰教育的成功而荣获该奖。有志于改革的教育者渴望学习芬兰成功的学校体系，他们惊讶地发现芬兰小学生每天只需上 4 个小时的课，课后作业很少，基本上没有考试，甚至到 7 岁才开始上学。

萨尔伯格在全球巡回活动中见到了许多极具影响力的决策者（部长、商人等），收获了"全球教育改革领导者"的美誉。在加入国际事务交流与合作中心之前，他曾在华盛顿世界银行以及都灵欧盟工作，另外他还曾效力于不同的政府。他本人作为老师，在这几个月间似乎开始微微质疑芬兰教育的成功。比如，2012 年 1 月他在网络上写道："许多芬兰人想把教育变成全球市场上的商品……"

另外，纪录片导演摩根·史柏路克（Morgan Spurlock）继《超码的我》（*Super Size Me*）和《三十天》

---

❶ 请读者参阅：http://grawemeyer.org/news-updates/sahlberg-wins-prize-for-explaining-finland2019s-school-success。

（*30 Days*）后，据说正在为美国有线电视新闻网（CNN）拍摄有关美芬教育对比的纪录片。该片已于 2013 年年底分几部分在 CNN 播出[❶]。

除了以上提到的个人以外，许多在芬兰创办的机构也同样推动了芬兰教育的推销和售卖，毫无疑问其中最重要的就是芬兰教育集群有限公司（EduCluster Finland，简称 ECF）。ECF 被描述为"与同伴共同创造教育才能的专家社区、通往芬兰卓越教育的门户"。该公司为外国教育体制改革、质量评估和成果发展、专业发展和教师培训提供服务。

同时该公司还提供芬兰"教育旅游"服务。位于芬兰中部的于韦斯屈莱大学和同城的高等职业学校是他们的合作伙伴。

该教育公司安排的"教育旅游"项目为期五天，日程密集，内容包括有关芬兰教育体系的介绍。项目由 4 个模块组成，包括讲座、参观学校和小组讨论，全部由"顶级专家"带领。在参观学校时，游客可以"与学生交谈并观察老师的日常工作"。以下是日程安排：

---

❶ 摩根·史柏路克的纪录片《美国教育》（*Inside Man Education*）于 2013 年上映——译者注。

第一天：芬兰教育的基本原则；

第二天：师资培育与专业资格；

第三天：教学实践（通过不同的教学方法和支持性评估来体验芬兰的课程模式）；

第四天：了解教育方面建议与支持的作用；

第五天：教育领导力。

另外，ECF 网站还列出了已在国外实施的项目清单，清单显示项目众多且集中在欧洲和亚洲，南美洲也有涉及。

我们来举几个项目的例子：ECF 在瓦尔迪维亚（智利）提供职业教育的创办和创新培训；在埃塞俄比亚与教育部合作规划特殊教育方案；在上海（中国）为师资人员和培训者提供培训；在克罗地亚为职业教育制定新教育规划；在越南与当地教育部合作，改善中等教育入学情况。

此外，ECF 在 2013 年 1 月曾积极招募芬兰教师。它在《芬兰教师杂志》上用英文刊载以下公告："芬兰教育集群有限公司招聘班主任，驻阿布扎比两年，2013 年 8 月开始，更多信息请前往 www.peda.net/veraja/epa。"该网站提供了很多相关的信息，特别是提到了员工在芬兰和阿联酋都不需要交税，此外还包括员工有伴侣的必须正式结婚、除个别班级外班里只有女学生等。

我们暂且来看两篇在芬兰发表的有关芬兰教育"出口"阿联酋和沙特阿拉伯的文章❶。

第一篇是题为《阿联酋孩子的芬兰学校》（*Finnish School for UAE Kids*）的英语文章，2012 年 5 月发表于芬兰广播电视新闻网站，从文章中我们了解到阿联酋已有两所在建的芬兰学校，约 40 名芬兰教师在那里工作，并且阿联酋教师将有机会在芬兰接受培训。但是他们到底从芬兰"进口"了什么？文章中只提到了两个要素：每小时一休（对比一天一休）和对学习更多的支持。然而记者也讲道："虽然是芬兰风格的学校，但基于国家独特的文化，教学仍然遵循阿联酋的课程安排。"

第二篇是有关芬兰教育"出口"中东，特别是沙特

---

❶ 2013 年 3 月，芬兰广播电视台新闻报道芬兰政府在访问沙特阿拉伯期间，女性代表们穿上了布卡。记者补充官方解释此举是为了"培养良好的关系，表示对沙特文化的尊重"。文化似乎再一次被当作了借口。在一个不尊重女性权利的国家里，我们是否该谈论男性对政治的操控，而不是拿文化说事？为了售卖教育到底要妥协到何种地步？

阿拉伯的文章。文章在 2012 年 12 月刊登于《首都日报》。文章开头效仿芬兰流行的教师招聘广告："Är du lärare？ Vill du jobba skattefritt，i ett varmt land？（您是教师吗？您想在一个温暖的国家免税工作吗？）"文中提到沙特阿拉伯目前至少有 3 所在建的芬兰学校。学校的一切都将是芬兰化的，包括教师、校长、建筑，甚至是免费午餐制度。

作者以一种讽刺而批判的口吻直接指出创建这些学校所牵扯的经济利益，以及许多隐藏在项目背后的秘密。他在文章中借用帕思·萨尔伯格的话来佐证结论："实际上这些都跟教育无关，不可忽视的是其中的经济利益。如果这 3 所学校招收 10 000 名学生，且每名学生都支付上万欧元的注册费，这就意味着一笔巨大的利润。"言下之意，入读这些学校的学生毫无疑问都来自特权阶级——这似乎与芬兰的意识形态完全矛盾。最后，需要指出的是，"进口"芬兰教育的地点都非常值得考量，特别是当我们考虑到沙特阿拉伯男女之间的隔离和等级差异时，我跟我的某些同事提到过这个观点，但他们却认为那是"他们的文化"，我们无可厚非。但女性地位低下与文化托词之间这种不可容忍的联系在现代人类学中已得到了充分的研究和认知

（Wikan，2002）。

除了芬兰教育集群有限公司之外，一些大学和高等技术学校也投身于芬兰教育的"出口"。下面是几个实例。

首先是海门理工学院（Hämeen Ammattikor-keakoulu，这是芬兰的一所高等技术学校，位于芬兰南部海门林纳市），该校同样在网站上大打"优秀"牌，向全世界售卖教育服务。

芬兰——出众的全球排名和评价

OECD 国际学生评估项目对芬兰高质量教育的认证，使我们能够在全球范围内展示我们的专业知识，并为国际合作制定可靠的框架。芬兰被誉为世界教育体系的典范。除此之外，尽管人口较少，但芬兰人民享有经济福利、稳定的政治环境、完善的医疗保健以及较高的生活质量。芬兰的全球竞争力由此而来。

为了突显排行榜，该网站重点介绍了《经济学人智库》（*The Economist Intelligence*）、《新闻周刊》（*Newsweek*）和《哈佛商业评论》（*Harvard Business Review*）的相关

内容，这些刊物对芬兰的成功持积极态度，尤其是在教育方面❶。

赫尔辛基大学也提供教育"出口"服务，特别是通过它的继续教育部门——帕米尼亚教育出口中心（Palmenia Center for Education Export，成立于1979年）。2013年1月该中心提出口号："考察之旅非观光游览。"然而讽刺的是，他们提出的考察方案包含了不少参观博物馆等行程。一批塞尔维亚老师在参加完该中心组织的访问后这样表达了他们的感受（被挂到了帕米尼亚教育出口中心的网站上）：

我们都非常喜欢这次访问，并对您和同事们为了与我们进行专业对话所做的工作表示感谢。整个访问增长了我们的知识，同时也有助于我和同事们认真思考我们学校的发展情况，反思自己的教学方法。

此外，帕米尼亚教育出口中心还提供定制课程、硕士项目创建和教育咨询服务。该中心也是芬兰教育集群有限公司的成员。帕米尼亚教育出口中心还提供

---

❶ 读者可参阅：http://portal.hamk.fi/portal/page/portal/HAMK/In_English/international/education_export。

以下在线课程，专为无暇抽身访问芬兰的人准备：

我们可以从芬兰教育体系中学到什么？

芬兰教育介绍。

什么造就了芬兰教育的成功？

芬兰教育与全球教育改革运动（GERM）相比有什么不同？

希望向芬兰教育家学习领导力、学术、教学实践，增长知识吗？

也就是说该课程的目标是在约50个小时内展示全世界"顶尖"教育系统的优势。课程面向教师、校长、行政人员和见习教师。授课老师被誉为"芬兰顶级教育家"，包括帕思·萨尔伯格和汉奈丽·涅米[1]。

我所在的系每年都要接待许多访客，他们来系里考察两三天或者去附属的继续教育中心拜访。这些访问都需要收费，"拯救了我们的钱袋子"。访客来自阿尔及利亚、韩国、沙特阿拉伯、哈萨克斯坦、美国等不同国家。我第一次见到继续教育中心的负责人时，

---

[1] 汉奈丽·涅米还与其他人一起出版了有关"奇迹"的书，读者请参见2012年涅米等人出版的书籍。

他为我准备了一张清单，列举了他们中心提供的所有"培训"。我向他询问那些访客回国后有何变化，是否会受到芬兰的启发而尝试改变。他回答道："这个我们并不感兴趣，他们来接受我们的培训才是首要的。"在我拜访期间，他还问我是否可以用法语给阿尔及利亚老师讲授芬兰语言教学的"奇迹"——一套已经出售给韩国人的英语授课课程……

一名来赫尔辛基访问的北美大学生
2012 年 10 月

尊敬的文德先生：

（……）

一次课上别人向我推荐了您的博客，我非常喜欢阅读您对多元文化教育的评论，非常感谢您通过这种形式在线传授您的专业知识。

本周早些时候，一名大学生提到你们就芬兰教育体系的国际视角进行了一次讨论（我可能误解了这一点）。他表达的意思基本上是：您认为国际社会和 OECD 的宣传把芬兰教育的成功抬到了略高于现实的水平。冒昧地问一句，您怎么看？

我希望这个问题没有冒犯到您，如果有，我诚挚地道歉。正常情况下，我应当尝试与您见面并就此展开讨论，但我自知没有资格占用您繁忙日程中的宝贵时间（当然，如果可以与您见面的话，我会十分感激）。

此致

敬礼！

×××

2013 年 2 月，芬兰广播电视新闻网站的英文报道：《芬兰领导人遭受沙特阿拉伯电视新闻冷落》（*Saudi snub for Finnish leaders*）

2013 年 2 月芬兰政府访问沙特阿拉伯期间，沙特阿拉伯王室拒绝接见芬兰总理和另一位部长。他们本该在访问期间推广芬兰的企业并签订合同。许多芬兰媒体报道了此次外交事件并给出了以下解释：

据《新闻周刊》（*Suomen Kuvalehti*）报道，上周沙特阿拉伯首都利雅得举办了一场大型教育展览会，但芬兰却没有派部长参加，沙特阿拉伯对此大为光火。

沙特阿拉伯目前正在进行世界上最昂贵的教育改革，此次教育改革以世界知名教育体系——芬兰体系——作为典范。本次教育展也以此作为重点，但芬兰派遣出席展览的最高级别官员仅是一位教育部的高级公务员——塔皮奥·科苏宁（Tapio Kosunen）。

结语 梦将终了?

最新结果显示亚洲成绩确有进步,所以我们都会去韩国学习吗?在等待这一天到来的同时,很快就会有新的教育旅游线路的其他消息。

——《芬兰:"但是他们会怎样做?"》(*Finlande: "Mais comment font-ils?"*),网站 Cahiers pédagogiques,
2012 年 12 月

真正的赢家不参与竞争。

——网站http://pasisahlberg.com/ 的标语

当我着手写本书的时候,有消息称芬兰公司诺基亚在全球辞退了 10 000 人。移动电话巨头殒落以来,我不停地问自己芬兰教育的这一天会何时到来。毫无疑问,这种对比绝对会让人震惊。20 世纪 90 年代,在这个人口 500 万、1995 年加入欧盟、唯一一个进入欧元区的北欧国家里，诺基亚是它的一大骄傲。但该公司却被指责言路闭塞——管理团队长期以来只有芬兰人。另外，诺基亚还被批评对智能手机和安卓系统的研发起步太晚、抵触触屏科技等。总之，所有的这一切造就了苹果和三星的成功。芬兰教育以及它新自由主义霸道的出口方式是否会遭遇同样的危险？特别是如果芬兰教育仅仅满足于一个表现良好的体系而故步自封，谁还能一直保持优秀呢？

2012 年 12 月，萨尔伯格在一篇刊登于芬兰瑞典语国家报纸的文章中也提到了教育"出口"与诺基亚的对比。面对记者提出的问题："我们真的可以把教育'出口'与诺基亚相比较吗？"萨尔伯格这样回答：

我不这样想，很明显两者有很多不同之处，但逻辑却是一样的。当你成为世界第一，就会变得对自己过于自信❶。我们现在就处于这样的境地（在芬兰）。但是，威胁着我们的那颗定时炸弹是高中的异常运转。这也是老师和高中生们一直重复强调的。

---

❶ 这令人联想到芬兰总统绍利·尼尼斯托（Sauli Niiniistö）在 2012 年 12 月发表的评论："芬兰不足以沾沾自喜。"

2012 年 12 月《世界报》(*Le Monde*) 上的一篇文章提到了这些观点。该文章标题为《教学功绩：芬兰唱罢，亚洲即将登场！》(*Performances scolaires: la Finlande c'est fini, l'Asie arrive !*)，它对芬兰在 PIRLS 和 TIMSS 中欠佳的表现进行了探讨。作者特别提到了新加坡、韩国和中国香港在这些测评项目中取得的优异成绩，称"这些国家（地区）在 8 岁学生对数学的掌握程度上处于领先地位"。同样，2012 年 12 月末，《教育周刊》(*Education Week*) 刊登了一篇名为《国际测试引发芬兰地位问题》(*International Tests Spark Questions on Finland's Standing*) 的文章，作者讽刺越来越多的美国人为了学习"奇迹"的一切到芬兰访问，但实际上在上文提到的国际测评项目中，美国的成绩往往比芬兰还要好，特别是在马萨诸塞州。这位女记者甚至提出"……美国人应该不需要跑这么远去学习如何建立强大的教育体系"。从 TIMSS 的结果看来，美国学生与芬兰学生在数学方面其实不相上下。该记者在文中引用了布鲁金斯学会（Brookings Institution，设在华盛顿的独立研究机构）汤姆·洛维斯（Tom Loveless）的言论，呼吁质疑"芬兰奇迹"：

如果芬兰参加 NAEP（国家教育进步评估，美国的一种国家性评估）八年级的测评，它可能仅会位列中游。芬兰言过其实的声誉建立于它在 PISA 中的表现上，而 PISA 只是完美契合了芬兰的数学教学。

言过其实的声誉……

批评的声音到此为止吗？洛维斯解释道，PISA 所测试的是运用于"现实世界"的能力，而 TIMSS 评估的是教育框架下的学习成果。《教育周刊》的女记者还采访了萨尔伯格，他说道："应该先深入研究 TIMSS 的数据再进行自我定位……"而对于 PISA 测试，萨尔伯格却很少发表类似观点，直到 2012 年 12 月他在网络上写了下面一段话：

TIMSS、PIRLS 和 PISA 都是基于样本的标准化评估。这些评估与个人或学校没有什么牵扯，与政治家却有着极大的利害关系。

在接受《教育周刊》的那位记者采访时，萨尔伯格表示他在考虑人们会不会哪天对芬兰教育的成功表示厌倦。但一个月前，在英国培生集团关于教育表现的排行榜上，芬兰被排在韩国、中国香港、日本之前，又一次位列第一。

即使是芬兰的研究者也开始以批判的态度来看待芬兰教育。汉·西莫拉（Hannu Simola）的作品——《芬兰教育之谜：芬兰学校教育历史与社会学论文集》（*The Finnish Education Mystery: Historical and Sociological Essays on Schooling in Finland*）就反映了这一点，该书由劳特利奇出版社于 2014 年出版。

2012 年 12 月，帕思·萨尔伯格就芬兰在 TIMSS 和 PIRLS 中取得的成绩在网上发表了一篇文章，他这样写道：

昨天公布的 2011 年 TIMSS 和 PIRLS 的结果可能会产生令人担忧的影响。不过不要急于下结论，深挖苦研，游戏还没有结束。

这算是对那些在国际测评中被营造成输家或赢家的参与者们的一点忠告吗？

后 记

2013 年年初，欧洲教育界同行的一次来访。

他们国家的教育部认为教师在师范学院的学习不够充分，要求他们必须来芬兰进修以提高业务水平，并从中寻找灵感。这些教师在我所在的系进行了为期两天的访问，行程主要由我负责安排，我的同事们就教师培训的各个方面做了简短的报告，另外我还带领他们参观了赫尔辛基的学校。

这些老师刚到的时候非常兴奋，对芬兰优异的成绩赞不绝口。他们身上带着帕思·萨尔伯格的作品，并表示还读过其他相关的书籍。一开始老师们问了许多问题，完全被芬兰教育体系所吸引。

但他们可能会带着麻木、失望、怀疑离开。事实上，同事的报告似乎没有给他们留下深刻的印象，他们对报告内容持怀疑态度。必须要说的一点是，在同事们做报告的过程中，我几次打断他们提出疑问或指出缺点，但我也非常注意不去伤害任何一个人，因为我们在"售卖"教育。

一位芬兰女同事的报告主打"芬兰学校成员之间的信任文化"（芬兰闻名遐迩的"信任"），以使访客们顶礼膜拜。在这里我要提到芬兰教育和文化部刚刚通过的一项法律，该法律规定，如果教师认为学生携带危险品（武器、刀具等）入校，他们有权对学生进行"搜查"❶。

另一位女同事指出，芬兰的学校不会对学生进行评估。

最后一位同事断言，实习学校基地的老师和其他学校的老师没有任何区别，但是我们要求实习基地学校的老师至少要有硕士学位，并且要从事研究工作。

我们在赫尔辛基学校的访问也不尽如人意，通常来说这种考察会带外国人到教师实习学校感受芬兰教育"奇迹"，但我选择了市中心一所风评优秀的学校。

我们一共听了三节课，简直乱成了一团：课堂显然没有做好规划；学生听课不认真（大部分在玩手机

---

❶ 值得注意的是，2013 年 4 月，一位老师因将一名挑剔的学生赶出了食堂而被辞退。这件事引发了大量争论，许多媒体就芬兰学校的纪律问题、学生对老师越来越不尊重的情况展开了讨论。

或聊天）；组织的课堂活动似乎也与授课主题不一致，没有引出任何的知识点；老师缺勤，学生放任自流；等等。

　　对于这些专程来芬兰学习的同行和师资培训专家来说，他们该是多么震惊啊！在离开之前，其中一位女同行告诉我，在他们的国家，今天看到的任何一位授课老师都不会被聘用。我问她在此次访问中收获了些什么，她回答道："其实我们自己国家的教育做得也不差……"

参考文献

Abdallah-Pretceille, M. (1986). *Vers une pédagogie interculturelle*. Paris: Anthropos.

Anholt, S. (2009). *Places: identity, image and reputation*. Londres: Palgrave Macmillan.

Aronczyk, M. (2008). 'Living the brand': nationality, globality, and the identity strategies of nation branding consultants. *International journal of communication 2*, 41- 65.

Australian Government (2010). *Analysis of Australia's education exports*. Department of Foreign Affairs and Trade. http://www.dfat.gov.au/ publications/stats-pubs/analysis-of-australias-education-exports.pdf（读者请阅读 2012 年 12 月 21 日内容）.

Baker, D. P. & Wiseman, A. W. (éds.) (2005). *Global trends in educational policy*. Oxford: Elsevier Ltd.

BDF Branding Report (2010). *Place branding and place promotion efforts in the Baltic Sea Region – A situational analysis*. Brand report for the Baltic Sea Region. http://www.baltmetpromo.net/wpcontent/uploads/2011/04/ Branding_report_BDF_Final.pdf（读者请阅读 2012 年 12 月 18 日内容）.

Bonnet, G. (2002). Reflections in a critical eye: on the pitfalls of international

破解神话——还原真实的芬兰教育

assessment. *Assessment in education 9*, 387-400.

Bottani, N. & Virgnaud, P. (2005). *La France et les évaluations internationales*. Paris: Haut conseil de l' évaluation de l' école.

British Government (2011). *Estimating the value to the UK of education exports*. Department for Business, Innovation and Skills, Research Paper Nr. 46. http://www.bis.gov.uk/assets/biscore/higher-education/docs/e/11-980-estimating-value-of-education-exports.pdf (读者请阅读 2012 年 12 月 11 日内容).

Comaroff, J. L. & Comaroff, J. (2009). *Ethnicity, Inc*. Chicago: The University of Chicago Press.

Dervin, F. & Wiberg, M. (2008). Le système universitaire finlandais: une incessante bataille entre méritocratie et représentation démocratique. *Nordiques 16*, 9-27.

Dervin, F. (2012). *Impostures interculturelles*. Paris: L' Harmattan.

Dervin, F. (sous la direction de)(2013). *Recherches en éducation 16*. Numéro spécial sur les mythes de l' éducation finlandaise.

Dinnie, K. (2008). *Nation branding. Concepts, issues, practice*. Amsterdam: Butterworth-Heinemann.

Egginger, J.-G. (2013). Aux sources de l' Éden éducatif nordique. Images véhiculées en France de l' instruction primaire finlandaise au cours de la deuxième moitié du XIXème siècle (1851—1911). *Recherches en éducation 16* (sous la direction de Fred Dervin).

Gillespie, A., Howarth, C. S. & Cornish, F. (2012). Four problems for researchers using social categories. *Culture & psychology 18* (3), 391-402.

Grisay, A., De Jong, J. H. A. L., Gebhardt, E., Berezner, A. & Halleux-

Monseur, B. (2007). Translation Equivalence across PISA Countries. *Journal of applied measurement 8* (3), 249-266.

Holliday, A. (2010). *Intercultural communication and ideology*. London: Sage.

Hölttö, S. & Cai, Y. (2012). Education export to China Lecture Series I: Opportunities, challenges and successful scenarios. PPT-Presentation, University of Tampere, 5.1.2012.

Hsiao, F. (2007). Everybody Counts. Secrets to Finland's World-topping Education. CommonWealth Magazine. 读者可在以下网址查阅：http://english.cw.com.tw/article.do?action=show&id=3394.

Johansson, E. (2011). Introduction. *The Best School in the World: Seven Finnish Examples from the 21st Century*. Helsinki: Museum of Finnish Architecture, 9-10.

Kalali, F. & Jenkins, E. W.(sous la direction de) (2012). *Recherches en éducation 14*. PISA, TIMSS: regards croisés et enjeux actuels.

Korhonen, M. (2012). *Koulun vika ?* Helsinki: Into.

Laplantine, F. (2012). *Décentrer l'anthropologie*. Paris: CNRS.

Lyytinen, H. & Anttila, P. (2005). Tarkastustoiminta peruskoulun arvioinnin muotona. In Hämäläinen, K., Lindstöm, A. & Puhakka, J.(éds) *Yhtenäisen peruskoulun menestystarina*. Palmenia-sarja. Helsinki: Yliopistopaino, 226-236.

Lyytinen, H. & Luukarinen, E (2010). Arvioinnin lakia niin kuin sitä luetaan historiasta nykypäivään. In Korkeakoski, E. & Tynjälä, P.(éds) *Hyötyä ja vaikuttavuutta arvioinnista*. Jyväskylä: The Finnish Education Evaluation Council publications no. 50, 77-98.

McElwee, Ch. (2012). What could we learn from Finland's education system. *The Charleston Gazette*. April 7.

Maffesoli, M. (2012). *Homo Eroticus*. Paris: CNRS.

Ministry of Education and Culture (2010). *Finnish education export strategy: summary of the strategic lines and measures*. Publications of the Ministry of Education and Culture 2010: 12.

Mission for Finland 2010. 读者可在以下网址查阅：http://www.maakuva.fi/wp-content/uploads/2011/06/TS_Report_EN.pdf.

Moilanen, T. & Rainisto, S. (2009). *How to brand nations, cities and destinations*. New York: Palgrave Macmillan.

Niemi, H., Toom, A. & Kallioniemi, A.(éds)(2012). *Miracle of Education. The Principles and Practices of Teaching and Learning in Finnish Schools*. Rotterdam: Sense Publishers.

Olins, W. (2000). Why brands are taking over the corporation. In Schultz, M., Hatch, M.J. & Larsen, M.H. (éds.). *The expressive organization – Linking identity, reputation, and the corporate brand*. Oxford: Oxford University Press.

Pelletier, G. (2013). Finlande-Québec au temps d' une décennie PISA: regards croisésde deux systèmes éducatifs. *Recherches en éducation 16* (sous la direction de Fred Dervin).

Pereyra M.A., Kotthoff, H.-G. & Cowen, R. (éds)(2011). *PISA under examination: Changing knowledge, changing tests, and changing schools*. Rotterdam, Boston, Taipei: Sense Publishers.

Phillips, A. (2010). *Gender and culture*. Cambridge: Polity.

Pieterse, N.P. (2004). *Globalization and culture: global mélange*. Lanham: Rowman & Littlefield.

Pullum, G.K. (1991). *The great Eskimo vocabulary hoax*. Chicago: Chicago University Press.

Reinikainen, P. (2011). Amazing PISA Results in Finnish Comprehensive Schools. In Niemi H., Toom A. & Kallioniemi A.(éds). *Miracle of education: The principles and practices of teaching and learning in Finnish schools*. Rotterdam, Boston, Taipei: Sense Publishers, 3-18.

Robert, P. (2008). *La Finlande: un modèle éducatif pour la France*. Paris: ESF éditeur, Pédagogies reference.

Robert, P. (2009). L' éducation finlandaise revisitée. 读者可在以下网址查阅：http://meirieu.com/ECHANGES/finlande_robert_2.htm.

Sahlberg, P. (2011a). *Finnish lessons. What can the world learn from educational change in Finland?* New York: Teachers College Press, Columbia University.

Sahlberg, P. (2011b). Developing effective teachers and school leaders: the case of Finland. In Darling-Hammond, L. & Rothman, R.(éds). *Teacher and leader effectiveness in high-performing education systems*. Stanford: Alliance for Excellent Education publications, 13-22.

Salmon, E. (2008). Assessment of higher education personnel: comparative study of France and Finland. *Higher education management and policy 20* (1), 1-22.

Sanchéz, F. (2011). No better export: higher education. *The chronicle of higher education*. http://chronicle.com/article/No-Better-Export-Higher/126989/.

Sen, A. (2006). *Identity and violence*. New Delhi: Penguins.

Simola, H. (2014). *The Finnish education mystery: historical and sociological essays on schooling in Finland*. London: Routledge.

Sjøberg, S. (2007). PISA and "real life challenges": mission impossible?. In

破解神话——还原真实的芬兰教育

Hopmann, S.T., Brinek, G. & Retzl, M.(éds). *PISA zufolge PISA – PISA According to PISA*. Wein: Lit, 203-225.

Steiner-Khamsi, G.(éds)(2004). *The global politics of educational borrowing and lending*. New York: Teachers College Press, Columbia University.

Sulkunen, S., Välijärvi, J., Arffman, I., Harju-Luukkanen, E., Kupari, P., Nissinen, K., Puhakka, E. & Reinikainen, P. (2010). *PISA 2009 Ensituloksia*. Helsinki: Opetus- ja kulttuuriministeriön julkaisuja.

Taramaa, R. (2007). *The stubborn and silent Finns with "sisu" in Finnish-American texts: an imagological study of Finnishness in the literary production of Finnish- American authors*. Oulu: U. of Oulu Press.

Uljens, M. (2007). The hidden curriculum of PISA – The promotion of neo-liberal policy. In Hopmann, S.T., Brinek, G. & Retzl, M.(éds) *PISA zufolge PISA – PISA According to PISA*. Wein: Lit, 296-304.

UNESCO (2007). *Evaluación del Desempeño y Carrera Profesional Docente: Una panorámica de América y Europa*. Santiago: UNESCO.

Wagner, T. (avec Bob Compton) (2011). *The Finland phenomenon: inside the world's most surprising school system*. Two million minutes.

Wikan, U. (2002). *Generous betrayal*. Chicago: Chicago University Press.

Wiseman, A.W. & Baker, D.P. (2005). The Worldwide Explosion of Internationalized Education Policy. In Baker, D.P. & Wiseman, A.W.(éds). *Global trends in educational policy*. Oxford: Elsevier Science Ltd., 11-38.

Wuttke, J. (2006). Fehler, Verzerrungen, Unsicherheiten in der PISA-Auswertung. In Jahnke, T. & Meyerhöfer, W.(éds). *PISA & Co. Kritik eines Programms*. Hildesheim, Berlin: Franzbecker, 101-154.

出版人　李　东
责任编辑　颜　晴
装帧设计　泽　丹
责任校对　贾静芳
责任印制　叶小峰

图书在版编目（ＣＩＰ）数据

　　破解神话：还原真实的芬兰教育 ／（芬）文德
(Fred Dervin) 著；刘敏，姚莘依译 ． — 北京：教育
科学出版社，2019.10
　　ISBN 978-7-5191-2056-6

　　Ⅰ．①破… Ⅱ．①文… ②刘… ③姚… Ⅲ．①教育－
研究－芬兰 Ⅳ．① G553.1

　　中国版本图书馆 CIP 数据核字（2019）第 227621 号

破解神话：　还原真实的芬兰教育
POJIE SHENHUA：　HUANYUAN ZHENSHI DE FENLAN JIAOYU

出 版 发 行	教育科学出版社		
社　　　址	北京·朝阳区安慧北里安园甲 9 号	邮　　编	100101
总编室电话	010-64981290	编辑部电话	010-64981265
出版部电话	010-64989487	市场部电话	010-64989009
传　　　真	010-64891796	网　　址	http://www.esph.com.cn
经　　　销	各地新华书店		
印　　　刷	中煤（北京）印务有限公司		
开　　　本	787 毫米×1092 毫米　1/32	版　　次	2019 年 10 月第 1 版
印　　　张	5	印　　次	2019 年 10 月第 1 次印刷
字　　　数	67 千	定　　价	36.80 元

图书出现印装质量问题，本社负责调换。

LA MEILLEURE ÉDUCATION AU MONDE?——Contre-
enquête sur la Finlande

By Fred Dervin

ISBN：9782336674995

Copyright © L'Harmattan，2013

北京市版权局著作权合同登记 图字：01-2019-6840 号